# EL CUIDADO DEL CABALLO

Autor: Adolfo Pérez Agustí

Edita: Ediciones Masters
www.edicionesmasters.com
edicionesmasters@gmail.com

## PRÓLOGO

Todo lo que tiene que ver con caballos, especialmente los paseos en calesa o trotar en su lomo, es obviamente muy práctico y atractivo. Por ello es lógico que existan muchas escuelas que nos enseñan a pasear en caballo y centros donde las personas pueden aprender a galopar, lo mismo que existen lugares que nos lo muestra como un compañero inseparable en muchas películas de acción.

Una buena escuela nos enseñará igualmente cómo llevarle con firmeza y eficacia, cómo cuidarle y hasta cómo debe ser su hábitat o cuadra idónea. Sin embargo, cosas así nos enseñan solamente una parcela pequeña de todo lo que involucra al mundo del caballo, o incluso nos pueden hacer perder el tiempo si su valoración sobre la utilidad del caballo se limita a los paseos o a emplearle como animal de carga.

Este libro pretende ser como una academia para personas poco experimentadas en este asunto de la vida con los caballos, especialmente en cuanto a su cuidado y doma. Lo esencial, creo, es evitar relatar una larga serie de consejos y miles de explicaciones con las cuales se termina confundiendo, más que aclarando, lo que un inexperto necesita saber. De hacerse así, el aficionado termina cayendo en una trampa por saturación de conocimientos que le impedirá tomar decisiones correctas.

Ciertamente, la confianza proviene del conocimiento, pero un exceso de ello asimilado en pocos días es solamente una información que no se puede procesar puesto que se necesita el otro factor esencial: la experiencia.

Al principio, dedique todos sus esfuerzos en manejarle con seguridad para ambos, con eficacia y procurando que esté lo más limpio posible. Esta es una labor muy difícil o al menos agotadora, puesto que se trata de un animal grande, fuerte y con una gran cantidad de ideas y comportamientos propios. Aunque no lo crea, el caballo tiene un cerebro totalmente eficaz que le proporciona fuerte personalidad, al mismo tiempo que grandes sentimientos de fidelidad, tenacidad y capacidad de sufrimiento.

Hay mucho dogmatismo tradicional sobre el mundo del caballo, mucho de ello reflejado solamente en algunos libros que están basados en teorías inadecuadas, carentes de ese aspecto práctico y humanista que se debe anteponer siempre a las normas científicas.

Por ello, el material presentado en este libro está basado no solamente en los principios probados, sino en la parte sentimental que aproxima a los humanos con los animales, sin olvidar la investigación que nos lleva a cuidar y comprender más a este animal. Esto podría considerarse como una mezcla entre lo mejor de lo viejo y lo nuevo, y de hecho lo es, pues aunque ahora se tenga más en consideración a los animales en general, nunca ha estado el caballo tan apreciado y cuidado como en la antigüedad.

El problema es que incluir todos los asuntos que involucran al caballo requeriría un libro enorme o, mejor aún, varios libros, con lo cual estaríamos proporcionando al lector aficionado el abrumador caudal de conocimientos que he criticado anteriormente. Lo importante es suministrar unos conocimientos básicos, pero haciendo énfasis en aquellas cuestiones que más diferencian al caballo de otros animales. Haciéndolo así, el lector tendrá entonces una base legítima para comprender cualquier tema nuevo y, lo más importante, sabrá solucionar, casi por instinto, la mayoría de los problemas que le vayan surgiendo.

El más sabio y el mejor cuidador sabe que nunca se termina de aprender sobre los caballos. Bueno, esto es válido para cualquier faceta en nuestra vida, pero con ello queremos insistir en que estamos ante un animal muy complejo y que además de ofrecer grandes premios estéticos a aquellos que saben cuidarles con eficacia, nos proporciona compañía y, con frecuencia, cariño.

Finalmente, espero que este libro le ayude a gozar del mundo de los caballos y a que su esfuerzo diario con él se vea premiado por lo mucho que obtendrá con su compañía.

Una última advertencia: lo mismo que ya se ha dicho repetidas veces sobre los perros y los gatos, no existe un tipo ideal de caballo para cada persona pero su carácter lo podemos modificar con paciencia y cariño hasta convertirlo en un compañero de fatigas. Las castas, los Pura sangre, no son mejores que un animal cruzado, aunque este término sea incorrecto en el lenguaje ecuestre. Los expertos le podrán asegurar que en algún lugar, quizá no muy lejos, está el caballo ideal que necesita y que es simplemente una cuestión de tenacidad el que usted lo encuentre.

## Terminología

La siguiente relación deberá ser comprendida perfectamente antes de leer este libro, pues se explican términos relacionados con el caballo y su vida que le será imprescindible conocer y diferenciar.

**AMBLADURA**
La forma más lenta del paso lateral

**ARNESES**
Relativo al equipamiento del caballo de tiro. También los encontrará como **Arreos.**

**BOCADO**
Embocadura con acción de palanca y cadenilla que actúa sobre la mandíbula inferior.

**CABALLO DE CARRERAS**
El caballo criado para las carreras, especialmente el Pura sangre.

**CABALLO DE CARRUAJE**
El animal destinado a tirar una carroza pesada.

**CABALLO DE TIRO**
El que se emplea con arneses por sus cualidades.

**CABESTRO**
Tira de piel de la cabeza que pasa alrededor del

cuello en las riendas.

**CABRIOLA**
Salto de escuela clásico.

**CORCEL**
Caballo de los oficiales militares.

**CRUCE**
Apareamiento de caballos para mezclar las razas.

**DESBOCADO**
Cuando el caballo lleva la boca por encima del nivel de la mano del jinete, impidiéndole el control.

**DESBRAVAR**
Educar pronto para orientar al caballo a los fines perseguidos.

**HÍBRIDO**
El caballo cruzado con un asno, cebra o similar.

**JACA**
Caballo de silla ligero.

**MULA**
Mezcla de yegua y burro.

**MULO**
Mezcla de caballo y burra.

**PEDIGRÍ**
Linaje del caballo que figura en los libros de registro.

**PENCO**
Caballo basto, normalmente sin pedigrí.

**PONI**
Caballo que no mide más de 142 cm hasta la cruz.

**POTRA**
Yegua hasta los cuatro años y medio.

**POTRANCA**
Yegua menor de tres años.

**POTRILLO**
Caballo de menos de doce meses.

**POTRO**
Caballo menor de cuatro años.

**RAZA**
Grupo que ha sido seleccionado para conservar sus características durante mucho tiempo.

**REMONTA**
Conjunto de caballos para el servicio de militares.

**SEMENTAL**
El caballo de más de cuatro años no castrado.

**TIPO**
Caballo que cumple una finalidad, pero sin determinar su raza.

**YEGUA**
Hembra de más de cuatro años.

**YEGUADA**
Centro de cría caballar.

# CAPÍTULO 1

# HISTORIA DEL CABALLO

### Datos muy, muy antiguos

Aunque los datos sobre su incorporación a la vida junto al ser humano datan del año 4000 a. C., se han encontrado fósiles de su presencia hace unos 60 millones de años, en el período Eoceno. En esa lejana época aún no estaba tan desarrollado como ahora, era más pequeño, por lo que el verdadero antecesor debió ser el Equus caballus, un animal que vivió hace "solo" un millón de años. En el siglo XIX se encontró el esqueleto de un Eohippus, un animal que tenía unos curiosos dedos, cuatro en concreto, adaptados para la vida en los pantanos y que evolucionaron luego hasta los tres del Mesohippus, llegando hasta un solo dedo, muy largo, en el Merychippus. Finalmente, la pezuña propiamente dicha data del Pliohippus, ya perfectamente equipado para sobrevivir en las sabanas del Mioceno.

Unos años más tarde, en 1931, nuevamente en Wyoming, se encontró otro esqueleto de Eohippus, el cual una vez reconstruido se demostró como la prueba más fiable de la presencia del caballo actual. Ese animal era muy pequeño, apenas unos 35 cm de altura, y su dentadura estaba capacitada para comer las hojas de los pequeños y asequibles arbustos, siendo sus costumbres muy parecidas a las de un ciervo. Tímido, nervioso y desconfiado, tardaría bastante en adquirir algo del coraje y la fortaleza que tienen en la actualidad los caballos salvajes.

Este animal comenzó a crecer y a adaptarse a un terreno algo más duro y seco, al mismo tiempo que sus ojos aumentaban su campo visual y perdía sus pintas de camuflaje, ahora poco útiles para sobrevivir. Unos cuantos millones de años después nació el Equus, con una gran habilidad para encontrar alimento en tierra, arbustos y árboles, al mismo tiempo que mejoraba su capacidad para huir de sus depredadores. Su cuello se alargó lo mismo que sus patas, su dentadura se hizo poderosa capaz de triturar vegetales muy duros, y perfeccionó sus sentidos hasta ser capaz ya de repeler una agresión con sus mordiscos y sus patas.

Y ya con el Pliohippus es cuando tenemos casi a nuestro caballo actual y con él a sus parientes las cebras y los asnos domésticos, tan menospreciados pero igualmente respetables. Denominado como Equus caballus, término que hace referencia a la fuente Hipocrene que brotó gracias a una patada de Pegaso, se extendió al Viejo Mundo, Asia, Sudamérica y Africa, justo antes de que desapareciera la tierra que cubría lo que conocemos como estrecho de Bering.

### Nuestro caballo actual

Sin que exista una total unanimidad en su origen,

pudiera ser que el caballo doméstico sea un producto del caballo de bosque, el caballo salvaje asiático y el Tarpán de meseta o desierto. Los más estrictos historiadores nos aseguran que el caballo de montura es el resultado solamente del Tarpán y el asiático, mientras que el de tiro viene del caballo del bosque con el salvaje asiático.

No sabemos, por otro lado, cuándo empezó el hombre a utilizar el caballo como montura eficaz, abandonando su interés solamente como suculento alimento. En la época glacial, unos 10.000 años a. C., el método infalible para cazarlos era acorralarlos en un precipicio y esperar que se despeñaran, evitando así tener que correr inútilmente detrás de ellos. Por eso es normal que en las antiguas pinturas veamos representaciones del caballo solamente atravesado por flechas y lanzas, de manera similar a como se cazaban los ciervos.

Y fue con el nacimiento de la agricultura cuando el ser humano se dio cuenta por primera vez que el caballo podría ser un fiel aliado en su trabajo, con lo que podemos considerar que fue en esa época cuando lo empezó a domesticar, a cuidarle y, desdichadamente, a encerrarle. Esto se desarrolló especialmente en Eurasia (Europa y Asia unidas) y pudiera ser que conjunta y simultáneamente con otros animales como las ovejas, las cabras y los renos, estos últimos procedentes de Mongolia. La ventaja que aportaban los caballos con respecto a los renos es que no se trataba de animales migratorios y se podían conducir y encerrar con facilidad en cualquier lugar sin peligro a que se escaparan. Eran también más dóciles, buscaban con facilidad la comida escarbando en la hierba y soportaban por igual el frío y el calor.

Después vino su utilización como animales para la monta, algo que solamente podían aportar con cierta eficacia los camellos, puesto que los elefantes no poseían esas cualidades de velocidad y fácil desplazamiento necesarias. Desde que el hombre comenzó a montar a caballo dispuso de un elemento tan flexible que, lógicamente, le hizo aumentar su potencial bélico y económico. Ahora, y gracias al caballo, podía conducir cientos de cabezas de ganado, recorrer grandes distancias y ganar batallas, cualidades todas ellas que han permanecido invariables con el paso de los tiempos.

Ese fue el principal motivo de su rápida expansión por el mundo entero y pronto se le vio por toda Asia, Arabia, Europa y América, aunque en Africa su utilidad quedaba algo mermada por la presencia de los camellos y los elefantes.

## *Otros datos históricos de interés*

### Los egipcios

La imaginación del hombre le llevó a emplear a los caballos preferentemente para la guerra y en este sentido encontramos pueblos cuya eficacia bélica giraba alrededor de estos cuadrúpedos, como es el caso de los sirios, los persas y los egipcios. En la medida en que los imperios se extendían aumentaban las necesidades de ir y venir rápidamente, no solamente como mensajeros sino como medio para desplazar los mejores efectivos bélicos. Hubo una época, que casi llegó a las postrimerías del siglo XX, en la cual tener caballos equivalía a ganar la guerra. Los egipcios, por ejemplo, fueron famosos por sus carros tirados por un par de caballos, con su cabeza adornada con plumas floridas, desde los cuales disparaban sus flechas con gran acierto. Este sistema, en el cual podían viajar incluso dos personas, se hizo muy popular y les permitió extender su imperio durante muchos años. Sus carros, de poco peso, ruedas grandes y estrechas, no suponían un freno para los caballos, a los cuales se les dotaba ya de un sistema que les impedía ver lateralmente, lo que aumentaba la confianza del caballo.

## Los asirios

Los asirios, por el contrario, preferían utilizar el caballo casi "a pelo", sin montura, puesto que necesitaban ejercer la suficiente presión con sus piernas para controlar al caballo, mientras disparaban con sus arcos. Este sistema, empleado por los indios norteamericanos siglos después con gran habilidad, fue introducido después de desechar otro menos eficaz, con dos jinetes en cada caballo, uno para disparar y otro para dirigir el caballo. A los asirios les debemos sus estudios sobre la cría selectiva de los caballos, la mejora en su tamaño y las técnicas para domarle y aumentar su rendimiento. También empleaban los carros como sistema para conducir a los guerreros, así como para tareas de cacería, aunque en estos casos los carros solamente eran montados por personas de gran categoría militar o política.

Desde que la rueda de radios se inventó fue incorporada rápidamente a los carros de combate y podemos ver dibujos que dan muestra de ello en carros chinos y celtas. Parece ser que los primeros fabricantes de ruedas para carros en serie fueron los hicsos, un pueblo nómada que ocuparon el Alto Egipto en el año 2000 a. C.

## Los hititas

Igualmente famosos fueron los hititas, pueblo guerrero que extendió su poderío desde el Asia Menor hasta el norte de Siria, conquistando Babilonia y enfrentándose a los egipcios durante varios siglos. Según cuentan, lograron derrotar al faraón Ramsés I empleando nada menos que 3.500 carros y 17.000 soldados, casi tantos como caballos. También fueron quienes perfeccionaron un sistema de embocadura que actuaba sobre el maxilar inferior, construida con madera, lo mismo que un yugo para controlar dos o más caballos que consistía en una vara central y un caballo a cada lado.

A los hititas les debemos mucho de lo que sabemos actualmente sobre la doma del caballo y su utilidad para tirar de carruajes, puesto que elaboraron un completo tratado sobre su doma y utilidades, además de hablar sobre sus enfermedades, alimentación y mejora de su potencia física. A ellos les debemos también la costumbre de alimentarles con alfalfa y paja troceada, aunque cuando el imperio Hitita decayó muchos de sus legados se perdieron.

## Los persas

El relevo llegó con el persa Ciro II el Grande, quien logró dotar a su ejército de jinetes y carros de una fama legendaria e invencibles, tanto que su sola presencia servía para ahuyentar al enemigo. Ellos empleaban un caballo denominado Níseo, un cruce entre el Tarpán y algún caballo asiático salvaje que, debidamente entrenado, demostró ser un poderoso compañero de los guerreros. Estos animales eran montados con una pequeña manta y sujetados y guiados con la presión de las piernas, posibilitando el empleo de los brazos para disparar las flechas.

En sus ratos libres, los persas empleaban el caballo para la caza, los viajes sociales, para competiciones y hasta para jugar un equivalente al Polo. Sus carros pronto se transformaron en cuadrigas, más complicadas de manejar pero aún más veloces que los otros carros. Este sistema, anclar cuatro caballos en línea, fue adoptado por otros ejércitos, pero con el tiempo se demostró que era inferior a ponerles dos a dos, tal y como hemos visto repetidas veces en las diligencias del Western.

Pronto el caballo fue elevado a la categoría de un dios y le podemos ver tirando de un carro conducido por cuatro caballos blancos inmortales, rumbo a los amplios pastos y llevando con ellos al dios de la luz Mitras. Junto a estos delirios, los persas tuvieron el acierto de convertirles en eficaces carteros y mediante un sistema de relevos les hacían llevar la correspondencia a cientos de kilómetros de distancia, método que fue copiado más tarde por los mongoles y algún que otro cartero rural actual.

Tan grande fue para los persas su interés por emplear adecuadamente las virtudes del caballo, que gracias a él lograron mantener su imperio durante trescientos años, aunque también tuvieron que aprender a proteger a sus queridos caballos de los ataques de los enemigos. Un caballo era un blanco más grande que un guerrero y, por tanto, más fácil de acertar, con el aliciente de que una vez derribado el caballo el jinete era ya una presa fácil para su enemigo. Sus técnicas guerreras mejoraron gracias a los escitas, quienes desarrollaron una gran habilidad corriendo a galope con sus caballos y disparando sus flechas al mismo tiempo.

## Los griegos

Junto con la habilidad para pelear montados a caballo o conducir carros velozmente, los hombres tuvieron que mejorar sus técnicas de monta y en eso fueron muy hábiles los Hunos y los Mongoles, con sus jefes Atila y Gengis Kan al frente, respectivamente. Pero aunque lograron dominar bien a sus caballos y sacarles suficiente rendimiento en las guerras, no consiguieron aportar nada nuevo a su doma y cuidados, al menos con la perfección que lo hicieron los griegos. Estos desarrollaron una buena técnica para el lanzamiento de las jabalinas al galope, desdeñando parcialmente las flechas que requerían el uso de los dos brazos. La jabalina, además, al ser más pesada podía atravesar las corazas de sus enemigos y matar de un solo impacto a cualquier soldado. Solían llevar dos jabalinas sueltas y una espada al cincho, lo que les permitía saltar rápidamente del caballo para seguir peleando.

Sus carros tenían, además, otras propiedades interesantes puesto que habían logrado un sistema de enganche y desenganche sumamente rápido, pudiendo disponer de un carro en cuestión de segundos o dejar a cada caballo suelto en un tiempo igualmente corto. Este detalle les permitió lograr un buen ejército puesto que al ser Grecia un lugar montañoso los carros podían suponer un inconveniente durante el transcurso de las batallas, haciéndose necesario disponer de caballos individuales.

No obstante y si algo debemos a los griegos en este sentido es el haber empleado a los caballos para el deporte y la equitación, más que para la guerra. A ellos debemos lo que se considera el primer manual titulado "El maestro de la caballería".

## Los romanos

No eran los romanos unos grandes amantes de los caballos, animales que consideraban solamente como obreros especializados. Por ese motivo todo su esfuerzo estaba en lograr razas fuertes y valerosas, especializadas en la caza, las carreras y las guerras. Luego, cuando gracias a ellos conseguían triunfos, los hacían pasear triunfalmente delante de las gentes tirando de carros debidamente engalanados. Como nota curiosa, hay que mencionar que los romanos no emplearon los estribos (ese lugar donde se apoya el pie) hasta el siglo V d. C., y quizá por ello sus habilidades como jinetes nunca traspasaron las fronteras.

Su deporte nacional era las carreras, un lugar adecuado para que las personas pudieran dar voces y así sacar su violencia o sus odios, tal y como parece ser que se logra actualmente con el fútbol. Los participantes deberían ser enemigos políticos cuando se trataba de un torneo deportivo, y solamente ídolos nacionales cuando se trataba de un espectáculo de gladiadores o circense.

Respecto a su papel en las guerras hay que destacar que a partir de las Guerras Púnicas es cuando el uso del caballo como arma tuvo su mayor importancia, aunque su proporción con respecto a la infantería era todavía muy pequeña; solamente 300 jinetes para 3.000 soldados de a pie. Tuvo que pasar bastante tiempo, hacia el año 54 a. C., para que la caballería no fuera una fuerza auxiliar sino la mejor fuerza de choque, lo que se pudo comprobar con la conquista de Bretaña por las legiones de Julio Cesar. Después la caballería tuvo un despliegue militar importante, especialmente con Diocleciano y Constantino, quien por cierto estableció diferencias entre la caballería ligera y pesada.

Desdichadamente sus habilidades manejando los caballos no eran superiores a la de los Hunos, quienes ya habían diseñado unos estribos y monturas que les permitían disparar sus flechas mientras corrían al galope.

## Los chinos

Siendo China un país tan grande en extensión parece raro que no haya efectuado un uso del caballo más eficaz, aunque quizá el problema es que hasta ahora no sabemos mucho de su verdadera historia. Parece ser que los chinos no tomaron conciencia de la importancia del caballo hasta el siglo III a. C., aunque fueron lo suficientemente hábiles como para inventar la retranca, una correa ancha que llevan las bestias de tiro y que les permite frenar, así como la guarnición con pecho petral y el collerón, ese collar que permite sujetar los arneses del caballo y facilitar la fuerza tractora.

Especialmente importante fue su contribución al diseño de  los vehículos, puesto que diseñaron la limonera (coche tirado por un solo caballo) y el tándem (un caballo detrás de otro), además de especificar la anchura del eje de los carruajes, su peso y medida global, lo mismo que diseñar carruajes adaptados a cada carretera en particular.

Cuando las guerras dejaron bien claro el papel decisivo de la caballería, los ejércitos chinos empezaron a olvidarse de los carros a favor de monturas rápidas y adaptadas a cualquier terreno, por lo que se dedicaron a criar y obtener un caballo superior comprando ejemplares en Samarcanda, los mismos que había empleado con éxito Alejandro. También cogieron animales en Jaxartes y en Ferghana, hasta que se consiguió una yeguada de casi un millón de buenos caballos que les permitió ampliar su influencia por toda Asia central.

## Africanos y árabes

Antiguamente se conocían como caballos turcos, sirios y berberiscos, aunque ahora el término "árabe" trata de englobar popularmente a todos ellos. El berberisco, concretamente, era muy diferente a todos ellos y aún hoy se tiende a considerar como tal al caballo oriundo de Fulani, Camerún, y no se cree que tenga sangre árabe pero ha servido para lograr una buena evolución en el desarrollo del Pura sangre.

El caballo nombrado como árabe tiene su origen, al menos, hace 3.000 años a. C., pues existen datos de que un tataranieto del legendario Noé tuvo una yegua que sirvió de base para los caballos que empleaban las tribus beduinas del desierto. Las peculiaridades del terreno donde se criaron y el aislamiento político en el cual estuvieron sus dueños durante siglos, lograron una gran pureza a esta raza, así como un aspecto y una dureza muy marcada. Después este caballo se mezcló con los europeos y por ello podemos ver sangre árabe en la mayoría de los caballos ingleses e irlandeses, e incluso en los Ponis de Indonesia.

La época más importante en la antigüedad para el desarrollo del caballo árabe la encontramos de la mano de Mahoma, el profeta de Dios fundador de la religión islámica, quien deseoso de propagar su creencias organizó misiones espirituales a numerosos países, empleando el caballo como el mejor aliado para ello. Tal es así que incluyó en el Corán un texto que advertía que aquél que alimentara al caballo para el triunfo de la religión, realizaría un magnífico préstamo a Dios. Después, y siempre en el Corán, encontramos frases que mencionan al caballo como una bendición de Dios y una alegría para el mundo.

Esos caballos pasaron luego a Palestina, Siria y Mesopotamia, ocupando también el norte de África y posteriormente la Península Ibérica y la Galia. Una vez que ese ejército fue derrotado en Poitiers los árabes se replegaron de nuevo a sus tierras, no sin antes dejar todo el continente plagado de buenos caballos.

## Los mongoles

La sombra de Gengis Kan, ese nómada que habitaba el desierto de Gobi nacido en el 1167, fue algo tenebrosa desde que logró unificar a todas las tribus mongoles en el 1206, más algunos aliados turcos que le ayudaron en su imperio. Su técnica guerrera era muy simple, puesto que consistía en arrasar y destruir todo aquello que no podía robar, incluyendo a las personas.

Su pasión por los caballos era tal que parece ser que administraba su imperio sentado en su animal preferido, mientras que fue uno de los creadores del servicio de correos mediante el sistema de caballos por relevos. Tanto confiaba en el caballo que su ejército se componía exclusivamente de soldados a caballo, sin la tradicional infantería que caracterizaba al resto. Cada hombre poseía cinco caballos, por lo que detrás del ejército era habitual ver una gran manada de caballos corriendo con ellos, lo que indudablemente facilitaba mucho los grandes desplazamientos. Si el suministro de alimentos se interrumpía empleaban a esos caballos de reserva, mientras que reservaban a las yeguas para que les proporcionasen leche fresca.

En una ocasión logró reunir un ejército de 230.000 hombres y más del doble de caballos, incorporando a los que no tenía dueño un muñeco de paja que visto desde lejos parecía otro soldado más. De esta manera, la sola contemplación del ejército de Gengis Kan servía para hacer retroceder al más valiente. Finalmente y a pesar de todas sus habilidades para la guerra, el imperio mongol apenas duró 200 años, aunque antes tuvieron tiempo y vigor para saquear Delhi en 1399.

## Otros usos del caballo

Con el caballo se iba a la guerra o detrás de una bella dama, lo mismo que se organizaban cacerías o paseos de recreo. También fueron famosos los torneos deportivos, en los cuales machacar la cabeza al contrario no estaba prohibido y hasta era motivo de muchos aplausos y no pocos besos por parte de guapas mujeres. Lo importante para ganar era lograr manejar hábilmente el caballo con las piernas y una sola mano, pues la otra debía portar el arma disuasoria. El problema se agudizaba cuando se incorporaba un escudo a la otra mano, puesto que ahora el jinete debía ser capaz de dirigir al  animal solamente con sus piernas.

Pronto algún jinete fue más listo que los demás y se dio cuenta que el caballo podía ser tan buen guerrero como él y le enseñó algunos trucos, como caminar hacia atrás o de lado, cocear con precisión y levantar sus piernas delanteras hasta ponérselas encima de la cabeza del oponente. Unas afiladas espuelas y algún que otro latigazo, servían de ayuda para que el reticente caballo hiciera lo que se le mandaba. Estas habilidades obligaron a mejorar las monturas y pronto se sustituyeron las de madera por otras más livianas y cómodas, mientras que los estribos se convertían en algo más que en un simple apoyo para los pies.

En el siglo XV se publicaron ya las primeras normas de equitación y diseñaron unos bocados muy severos que sensibilizaban la boca del animal para obligarle a obedecer con rapidez. Hubo quien incluso incorporó clavos en ella hasta domesticar al animal, que junto a las afiladas espuelas obligaban a efectuar al caballo cualquier movimiento, por increíble que fuera. Afortunadamente también hubo quien recomendaba como mejor opción el cariño y el premio, en lugar del castigo, aunque estas teorías parece ser que no acaban de calar en las costumbres de nuestros contemporáneos.

Después llegaron los maestros refinados europeos, especialmente los franceses, quienes diseñaron ejercicios gimnásticos adecuados para los caballos, en sustitución del método incruento, y que en unión a los británicos e italianos elaboraron y publicaron una serie de normas para la doma del caballo. Por supuesto, no se olvidaron del jinete, y modificaron sensiblemente la forma de montar, así como la montura y los estribos.

También destacan las escuelas de equitación españolas, en donde se enseñaba a manejar el caballo empleando métodos racionales y científicos, siendo su mejor representante Pedro José de Alcántara, un marqués que insistía en la suavidad de la mano para manejar al caballo como la mejor alternativa.

La Escuela Española de Equitación de Viena se fundó en 1572 y en ella se empleaban, y se emplean, solamente caballos de raza lipizzana. El aprendizaje duraba por lo menos cuatro años, aunque el perfeccionamiento necesitaba dos años más. En este tiempo se modificaban y perfeccionaban los hábitos del caballo, enseñándole a efectuar complicados movimientos que aún hoy podemos ver. Hoy en día podemos ver exhibiciones de esta escuela en donde los caballos realizan sus movimientos al compás de música clásica, con los jinetes debidamente uniformados y que siguen entusiasmando a cuantos tienen el privilegio de estar allí presentes.

# CAPÍTULO 2

# LA FAMILIA DEL CABALLO

**Cebra**

La Equus zebra es una especie rayada que se distribuyó por todo el sur de Africa y de la cual subsisten tres subgéneros: de Burchell, de montaña y de Grevy. La diferencia entre ellas está básicamente en el rayado de su pelaje y en su tamaño global. La variedad Grevy es la más bella de todas y la que se parece menos al caballo, conservando su propia identidad, mientras que las otras dos se asemejan más al asno.

Son animales con características más primitivas que los caballos, y un ejemplo de ello lo tenemos en su rayado que las dota del antiguo camuflaje que tenían los antiguos caballos, además de su poca adaptabilidad a la doma.

## Asno

El asno salvaje, denominado como Equus hemionus, se encuentra abundantemente por el Próximo Oriente y el oeste de Asia. Vive en el desierto de Asia central y allí es denominado como Kulán, con unos ollares perfectamente adaptados a la poca densidad del aire local, lo que le permite aspirar mucha mayor cantidad de aire que los caballos. El color de su capa varía con la estación, siendo gris en invierno y rojo en verano, con lo cual se adapta al clima para captar o expulsar el calor ambiental.

Su homólogo el Onager, es un animal veloz que podemos ver todavía en Irán. Ha sido mencionado frecuentemente en los textos bíblicos y posee muchas de las cualidades del caballo, con unas extremidades mayores que las de cualquier Equus.

También existen las subespecies tibetana, totalmente adaptados a la vida en los elevados valles del

Himalaya, y el persa, que aún podemos ver en algunos zoológicos, así como el indio del cual existen algunos ejemplares salvajes al noroeste de la India.

**Burro**

El Equus asinus es un asno doméstico, sociable, y que se distribuye por toda Europa y norte de Africa. Se trata de un animal que se adapta bien al clima cálido y árido y que tiene una alzada media de 1,02 hasta la cruz, aunque hay especies menores que apenas llegan a los 61 cm, como los que se encuentran en Sicilia. Nuestro entrañable burro andaluz es un privilegiado, puesto que mide algo más de 1,50 m.

Lo podemos encontrar de color negro, gris, en diversas intensidades e incluso con mezclas de ambos colores. Poseen una raya oscura que les recorre el dorso, la denominada línea de mulo, además de otra perpendicular a la altura de la cruz. Sus pies no tienen espejuelos, y su columna vertebral consta solamente de cinco vértebras lumbares, mientras que sus orejas se consideran muy desproporcionadas, por lo que se mencionan habitualmente para definir a las personas poco inteligentes.

De crin corta, desprovista de tupé, cascos pequeños, pelo en la cola similar al de las vacas y un periodo de gestación de las hembras de 12 meses, posee un rebuzno que le ha hecho sumamente popular.

**Mula, mulo**

Similar a un caballo pequeño, es el resultado de un cruce entre un burro y una yegua, o un caballo y una burra.

# Caballos famosos

## Caballo de Atila

Donde pisaba no volvía a crecer la hierba, decían de ese fornido y valiente caballo, aunque la culpa de ello no la tenían sus patas, sino su jinete, el popular Atila.

Ese rey de los Hunos que vivió entre los años 385 y 453, fue capaz de exigir tributos a los mismísimos emperadores romanos; lo que entonces se consideraba todo un atrevimiento. Sus batallas le llevaron desde Germania hasta la Galia, ésta última devastada por su despiadado ejército, aunque tuvo que poner sus orejas bajas en la batalla de los Campos Cataláunicos, justo dos años antes de morir. Su contrincante fue el sagaz Aecio, quien no le dejó lo suficientemente maltrecho puesto que Atila se reorganizó pocos meses después y apareció una sombría mañana en los montes del norte de Italia. Afortunadamente para él salió con vida de esa nueva derrota y fue perdonado por el bondadoso Papa León I el Grande. Como agradecimiento, le aseguró al pontífice que si hubiera vivido cuando Jesucristo predicaba entre los judíos, no hubiera permitido su muerte. Esa intención, viniendo de alguien a quien habían denominado como "el azote de Dios", no era muy creíble, pero le sirvió para retirarse plácidamente a Panonia, donde murió poco después, según dicen la misma noche de bodas a causa del furor sexual de su nueva esposa.

## El caballo de Espartero

Pocos madrileños mayores de treinta años no han mencionado en alguna ocasión en sus vidas a este popular caballo, cuya estatua adorna el centro de la ciudad. Curiosamente, y sin que sirva de precedente, se conoce mejor y se encuentran más méritos al cuadrúpedo que al jinete, y eso que en este caso nadie ha podido establecer las odiosas comparaciones anatómicas que se mencionan.

El señor Espartero, también Duque de la Victoria, fue un general y político español que nació hace muchos años, justo en 1793, y que según cuenta la historia peleó y ganó muchas batallas, unas contra los venezolanos independentistas y otras contra los rebeldes de Luchana, pero que, finalmente, tanta pelea le dejó agotado y formó gobierno con Isabel II. Así pasó plácidamente los últimos años de su vida, y aunque fue impopular en su retiro, alguien decidió que le haría pasar a la posteridad haciéndole una estatua montado en uno de sus enormes caballos. Pero ese escultor parece ser que pretendía más cosas que la simple exposición de la figura de Espartero, puesto que dotó al caballo de unos atributos viriles tan enormes (los testículos, para ser más concretos), que cuando alguien presume de valiente o de insensato se le dice que tiene más c... que el caballo de Espartero. Si alguna vez miran con detenimiento esa estatua verán que la popularidad no es inmerecida.

**El caballo de Troya**

Troya era una antigua ciudad de Asia Menor que estaba situada en Hissarlik, en las inmediaciones de la boca de los Dardenelos. Su popularidad a través de los siglos le llegó al ser inmortalizada por Homero en la Ilíada, en la cual nos narraba el enfrentamiento entre los troyanos y los griegos hacia el siglo XIII a. C. Esa ciudad controlaba el paso de los Estrechos y por eso era objeto de deseo para Argamenón, un griego muy ambicioso que sitió la ciudad durante varios años.

Después llegó Ulises, el cual con sumo ingenio construyó un enorme caballo de madera dentro del cual puso a sus mejores soldados y lo regaló a los confiados habitantes de Troya. Hubo quien desconfió, especialmente quienes sabían de la habilidad de Ulises para engañar y librarse de brujas, gigantes y hasta sirenas desnudas que cantaban seductoras, pero sus advertencias no fueron escuchadas. Una vez dentro y aprovechando las sombras de la noche, del enorme regalo surgieron bien armados Ulises y sus soldados, quienes conquistaron la ciudad ayudados por los demás griegos que esperan en el exterior.

**El caballo de Calígula**

Existe una tendencia por considerar a muchos emperadores romanos como dementes dotados de una gran maldad y un ejemplo de ello lo tenemos en Calígula, quien junto a Nerón y Claudio ocupan ese lugar de honor. De nuestro personaje dicen que no solamente estaba convencido de ser un dios, sino que era capaz de elevar a esa misma categoría a cualquier persona, animal o cosa que le apeteciera. Y uno de los afortunados fue su caballo Incitatus, un animal valiente, duro, enorme y muy orgulloso, quien disponía de una caballeriza de mármol y hasta su propia casa con dormitorio real incluido. Un día Calígula se aburrió de él y le mandó matar muy lentamente, puesto que ya no era digno de ser un dios, pero hay quien dice que tuvo tiempo de derramar un par de lágrimas por su gran amigo.

## Rocinante, caballo de Don Quijote

Por deformación, Rocín se llamaba al caballo famélico, desnutrido crónico, poco entusiasta y con el cuerpo lleno de moscas, aunque ahora este término se emplea para definir a un caballo elegante, con presencia, buenos modales y equilibrado al andar. Indudablemente, Rocinante se aproximaba más a la primera definición que a la segunda, pero también sabemos que era mucho más que eso. Se trataba de un caballo que soportaba las locuras de su dueño, que embestía contra enormes gigantes, peleaba contra bravucones, soportaba aguaceros lo mismo que el implacable sol de La Mancha, y que tenía como compañero a un mulo el cual, por razones extrañas, nunca daba la cara por nada ni por nadie. Para Don Quijote, o sea, para Alonso Quijano, Rocinante era mejor compañero que Sancho Panza y no solamente le consideraba su mejor y más fiel amigo, sino que le suponía descendiente directo del gran Babieca.

Obviamente existían muchas diferencias entre ambos,
especialmente porque Rocinante comía poco y
trabajaba mucho, aunque afortunadamente desde el
momento en que armaron caballero a su amo pasó,
automáticamente, a ser considerado ya un gran
caballo.

La historia, por su parte, ha querido ser algo más justa con este caballo que ese autor manco de nombre Cervantes que le inmortalizó, y gracias a ella ahora no hay estatua del larguirucho Don Quijote que no incorpore al emblemático Rocinante. Y es que, en ocasiones, entrar en la historia es bastante más fácil de lo que parece.

**Babieca, caballo del Cid**

Este caballero castellano, de nombre Rodrigo Díaz de Vivar, que luchó junto a Sancho II en las guerras de Navarra, fue denominado como el Campeador, aunque se vio envuelto en un problema serio al ser considerado cómplice en el asesinato del rey cuando cercó Zamora. Después también cayó en desgracia al ser acusado de apropiarse de los tributos cobrados al rey taifa de Sevilla y por ello se puso al servicio del rey moro de Zaragoza. Una vez que conquistó

Valencia su personalidad y leyenda fueron en aumento, lo mismo que la fama de su caballo, especialmente porque sus hazañas y amores fueron cantados en varios poemas memorables. No es que ese caballo tuviera unas cualidades extraordinarias pero al menos era valiente y fuerte, y cuando entró triunfante en Valencia llevando a lomos a su amo Don Rodrigo, estaba tan perfectamente engalanado que llamó poderosamente la atención de los historiadores. Todos apuntaron presurosos el nombre de tan maravilloso corcel, lo mismo que no perdieron detalle cuando El Cid se bajó presuroso de su montura para ir a dar un enorme beso en la boca de Doña Jimena, tan parecida a Sofía Loren que todos dirían que era la misma persona.

Sobre Babieca los historiadores nos dicen que fue un regalo a Rodrigo Díaz de su padrino, un cura llamado Pedro el Gordo, quien deseoso de agradar al joven le dijo que podía elegir entre todos los caballos de su cuadra. Rodrigo, por razones desconocidas, parece ser que escogió al más feo y ello provocó que alguien dijera "¡Babieca!", algo equivalente al "¡Hostias!" de hoy. Pero aunque desgarbado e inmaduro, Babieca se convirtió en un animal perfecto para la guerra, pues era obediente, ágil y de gran valor, cualidades que conservó incluso cuando murió su amo El Cid. También sabemos que soportó sin temor alguno llevar el cadáver de su amo, con su armadura y espada al viento, para demostrar a sus gentes que el espíritu de El Cid seguía presente, lo que parece ser dio resultado porque los moros huyeron del lugar para no tener que pelear con los difuntos.

### El caballo blanco de Santiago

De tanto nombrarlo nos hemos olvidado hasta de quién era ese Santiago y cuáles fueron los méritos de ese caballo para estar en boca de tantas generaciones. El tal Santiago que da origen a esta adivinanza era, por supuesto, nuestro apóstol, el patrón de España y cuyo nombre invocaron personajes tan conocidos como Don Pelayo y Cristóbal Colón, entre otros. Después inventaron eso del "camino de Santiago" y el grito de "¡Santiago y cierra España!", sin que ninguna de las dos frases respondan a nada fidedigno puesto que ni siquiera estamos seguros que Santiago llegase a España a predicar, ni por supuesto de que fuera capaz de cerrar las puertas del país a los invasores.

Bueno, el inventor del mito del caballo blanco de Santiago fue Ramiro I de León, y pudiera estar inspirado en un pasaje del Apocalipsis en el cual mencionan a un caballo blanco montado por un jinete armado con un arco. Lo cierto es que su nombre le ha servido mucho a la ciudad de Compostela y al rey Ramiro I de León, quien a punto de tener que entregar cien doncellas vírgenes como tributo prefirió pedir ayuda al famoso apóstol quien, solícito, se le apareció en sueños y le ayudó a resolver su problema.

**Plata, caballo de El Llanero solitario**

Se trata de un popular personaje del cómic americano y asiduo compañero en numerosos seriales, primero en la radio y luego en la televisión. Las aventuras de este jinete, que no era ni llanero ni mucho menos corría solitario, acompañó a las generaciones de jóvenes y menos jóvenes entre los años 40 y finales de los 50, compitiendo con el no menos popular Roy

Rogers. Su caballo, pues éste es en realidad el actor que nos interesa ahora, era blanco, valiente y acudía a la llamada de su amo mediante un sencillo silbido. También era capaz de ir en su ayuda cuando el Llanero Solitario estaba maniatado, amordazado y a punto de caer a un profundo precipicio. Por si fuera poco, le vimos atravesando barreras de fuego, rompiendo cercas y puertas, y hasta aguantando sobre sus lomos a su amo y alguna que otra chica guapa.

**La Mula Francis**

Aunque obviamente se trata de una mula y no un caballo de gran categoría, es necesario incluirlo en este apartado de caballos célebres por aquello de no realizar ninguna discriminación por razones de raza o sexo. La popular serie cómica sobre las andanzas de la mula Francis no aportó nada bueno a la filmografía de ese gran bailarín que era Donald O'Connor, pero al menos le proporcionó trabajo, dinero y popularidad, una vez que nadie se acordaba ya de ofrecerle mejores trabajos.

El éxito de esta curiosa mula, que era lista, pícara, valiente y, especialmente, parlanchina, comenzó en 1949, y aunque para O'Connor no era el papel más deseado, consiguió ganar más dinero con este personaje que otros actores con papeles más serios. En 1955, con "Francis en la marina" el actor abandonó su trabajo con tan increíble compañero de reparto y se incorporó, afortunadamente, a otros tipos de filmes más ambiciosos, aunque el éxito no le acompañó por igual. De ella, la mula Francis, no sabemos cuál fue su destino.

### El caballo de Lady Godiva

No ha existido caballo más afortunado en toda la historia, aunque esperemos que haya sido un caballo y no una yegua. Lady Godiva era esposa del conde de Mercia, allá por el siglo XI, y parece ser que los súbditos de su marido se quejaban de la gran cantidad de impuestos, lamentos que la guapa señora hacía llegar a los oídos sordos del conde. Cansado de aguantar a ambos, esposa y súbditos, le dijo que reduciría los impuestos si ella era capaz de pasearse desnuda a lomos de un caballo por toda la ciudad. No sabemos las razones para tanto morbo, pero parece ser que esa señora no tenía muchos reparos en mostrar su hermosa anatomía a los habitantes del condado y, ni corta ni perezosa, ni mucho menos pudorosa (y perdonen el verso), escogió a un caballo de su cuadra y le puso encima sus bien apretadas nalgas, desprovista de toda ropa.

Después llegó la leyenda, pues hay quien dice que no hubo habitante que se perdiera el espectáculo, mientras otros alegan que ella había amenazado de muerte a quien osara verla desnuda paseando por las calles. De cualquier manera, esta ha sido una de las pocas ocasiones en que un hecho histórico trascendental no ha supuesto un ejemplo para los nuevos mandatarios. Con ella, con Lady Godiva, empezó y terminó la moda de las esposas de pasearse desnudas por las calles. Pues, qué pena.

## El caballo blanco de Emiliano Zapata

En la escena cumbre de la película, Emiliano controla sus revólveres y la munición, y entonces Guajardo le dice que ha encontrado a su precioso caballo blanco y que lo tiene fuera. Cuando Zapata abraza emocionado a su fiel caballo se da cuenta que se encuentra solo en medio de la plaza y que ha sido traicionado. El caballo también percibe la tragedia y sale galopando fuera del pueblo, mientras Emiliano Zapata muere acribillado por los soldados que le estaban esperando.

Su cuerpo queda tendido en la plaza del pueblo y las mujeres acuden presurosas a poner flores encima de su mutilado cuerpo. Los campesinos no quieren creer que su líder ha muerto y hacen correr la voz de que está en las montañas refugiado y para demostrarlo pasean al caballo blanco de Zapata por los pueblos. La leyenda dice que ese caballo continuó durante muchos años vagando por las montañas para que nadie se olvidara nunca de la vida y figura del gran Zapata.

**Pegaso**

Caballo engendrado por el dios Poseidón y nacido de la malvada Medusa, esa bruja gorgona que fue decapitada por Perseo. Su nombre procede de la palabra griega "pegé", que quiere decir "fuente", especialmente porque dicen que Pegaso había hecho brotar la fuente Hipocrene en el Helicón, la montaña de las musas.

Como caballo no hay que negarle ningún halago, especialmente porque tuvo el honor de ser montado por el gran Hércules, ese fornido gañán que rivalizaba en proezas con nuestro terrenal Sansón. No obstante, su inteligencia no era tanta como su habilidad para volar, puesto que cayó en la trampa de Belerofontes y tuvo que soportarle montado en su grupa mientras se dedicaba a matar a Quimera y otras amazonas no menos hermosas. Una vez consumada la matanza, su jinete quiso ascender hasta la morada de los dioses y eso ya fue demasiado para el buen caballo, quien le tiró al vacío y luego pidió entrar en el Olympo. Allí fue recibido con agrado (a fin de cuentas había pocos caballos) y se convirtió en uno de los corceles de Zeus, dedicándose desde entonces, hasta hoy, a traer los rayos y mandarlos a la Tierra.

## Unicornio

Caballo hermoso, tímido y solitario, perteneciente a la mitología, en donde nos lo han mostrado llevando un magnífico cuerno en medio de su cabeza. Animal que ha rivalizado siempre con el caballo Pegaso, sus atributos mágicos han sido siempre objeto de deseo para los bandidos, mientras que era un bien preciado para las doncellas, ansiosas ellas de poder montar tan exquisito animal. El cine lo ha inmortalizado en numerosas ocasiones y es recordado especialmente por la película "Legend". .

La historia nos habla de un tiempo muy lejano, o inexistente, con los unicornios vagando por la tierra, y cuando los poderes opuestos de oscuridad y luz estaban en guerra. La tierra era todavía un lugar alegre, lleno de flores y con bosques frondosos en donde existen numerosos claros llenos de luz, pero también pantanos tenebrosos y ciénagas mohosas. Los jóvenes amantes pueden besarse durante una tarde entera bañándose a la luz del sol o en un pequeño río, pero cuando más tranquilos están las tormentas tenebrosas surgen de repente, y azotan con furia la tierra hasta entonces apacible. También hay raza de malvados y pequeños druidas que viven en los bosques y realizan sus travesuras por donde pasan, siendo su pasatiempo preferido asustar a los unicornios.

# CAPÍTULO 3

# PARTES DEL CABALLO

**Babilla**
Músculos y tendones que unen el fémur con la tibia y la rótula.

**Barbada**
Declive encima del belfo inferior, en el que descansa la cadenilla del bocado. Los **belfos colgantes** son cuando el labio inferior es flojo y son habituales en caballos de carro o vulgares.

**Belfos**
Labios del caballo.

**Caña**
Hueso de las patas delanteras entre la rodilla y el espolón. Unas **cañas cortas** son aquellas cuya longitud debajo de las rodillas es menor que la que existe encima del espolón. Se considera que tiene unas **cañas estrechas** cuando no son adecuadas para soportar el peso de un jinete. La **medida de la caña** determina la capacidad para soportar peso.

**Cascos**
Se denomina **estevado** a un defecto que consiste en los cascos girados hacia dentro. La **ranilla** es la almohadilla en forma de cuña que ayuda a absorber el impacto.

**Cerneja**
Crecimiento de naturaleza córnea en la parte posterior del espolón.

**Corvejón**
Articulación, entre la tibia y el fémur, de las patas posteriores. Se dice que tiene los **corvejones bajos** cuando son de una posición inferior a la normal, lo que para muchos se considera algo conveniente. Los **corvejones quebrados** son aquellos que, vistos de lado, se curvan mucho por la articulación y dejan de ser verticales. Es un síntoma de debilidad. Los **corvejones vacunos** se refieren a los que, vistos por detrás, se inclinan hacia dentro, imitando a los de las vacas. **Abierto de corvejones** se refiere a los corvejones girados al exterior, lo contrario que en el defecto anterior.

**Crin**
Conjunto de cerdas en el cuello.

**Cuartos traseros**
La parte del cuerpo que va desde la zona trasera del flanco hasta el inicio de la cola, llegando hasta el inicio del muslo. Los **cuartos delanteros** son aquellos que comprenden la parte frontal del caballo, esto es, cabeza, cuello, hombros y patas delanteras. Los **cuartos traseros inclinados** es un defecto en el cual poseen una gran inclinación sobre la grupa.

**Dorso**
Un **dorso de mula** es cuando existe una curvatura

convexa entre la cruz y el lomo. El **dorso inclinado** es lo opuesto y se refiere al dorso muy inclinado entre la cruz y la grupa.

### Espejuelo
Excrecencia pequeña en la parte interior de las cuatro patas, de consistencia córnea.

### Grupa
Anca de los caballos. La **grupa caída** es un defecto que se percibe cuando está inclinada hacia abajo desde el extremo de la cadera hasta la cola. Cuando se dice que es **alto de ancas o cuadriles** se refiere a que tiene un gran desarrollo muscular en la grupa, aunque hay quien lo denomina como **protuberancia del saltador.** La **grupa doble** es una pronunciada musculatura habitual en los caballos pesados, mientras que la **grupa estrecha** es una deficiencia que se percibe especialmente visto desde atrás.

### Ijadas o Lomos
La zona que comprende ambos lados de la columna vertebral, inmediatamente posterior a la de la silla. El **lomo hundido** es una malformación por depresión de la espina en la zona de los ijares. Los **lomos mal unidos** son cuando su estructura es muy débil, con la última costilla muy corta y un gran espacio entre ésta y la cadera.

### Menudillo
Se dice que está **cerrado de menudillos** cuando sus pies se cruzan entre ellos durante el andar, algo muy

grave en la carrera.

### Paso de cincha

Circunferencia del cuerpo que se mide detrás de la cruz. Se denomina como **amplio de cincha**, cuando el caballo es ancho en la zona comprendida entre la cruz y el codo, disponiendo de sobrado espacio para el corazón y pulmones.

### Pecho

La **amplia pechera** se refiere a un pecho amplio y fuerte.

### Riñones

Es la zona comprendida entre cada lado de la columna vertebral, justo detrás de la montura.

### Rodilla

Se denomina como **rodilla de buey** un defecto que consiste en que las patas delanteras se curvan hacia atrás por debajo de las rodillas.

### Tupé

Extensión de la crin que cae entre las orejas y encima de la frente

### <u>Colores de la capa</u>

Se conocen hasta 39 genes que pueden dar lugar a diferentes colores en la capa de los caballos, lo que proporcionan una variedad casi ilimitada de colores a causa de las mezclas. Aunque para algunas razas el color es importante, ahora se insiste más en otras cualidades y aspectos del caballo, especialmente en su anatomía y movimientos correctos.

Estos son algunos de los colores más comunes, aunque algunos es posible que el lector experto los conozca de otra forma. Se han incluido, por ello, diferentes denominaciones.

## Alazán

Diferentes tonalidades, entre ellas dorado y rojizo. El Alazán tostado tiene mezclas de marrón y negro, con los miembros, crin y cola negros. También, color rojizo hasta dorado, con motas del mismo color. Puede ser oscuro, claro y brillante, existiendo una gran diferencia entre el castaño con cola y crines doradas, y el Palomino.

## Bayo

Marrón rojizo, con extremos, crin y cola negros. También, cabeza parda y motas blancas esparcidas por todo el cuerpo. Pueden existir el Bayo oscuro, pardo oscuro con motas negras; Bayo claro, pardo claro con motas negras; y Bayo brillante, pardo rojizo con motas blancas.

## Castaño claro

Como su nombre indica. Tonos dorados, aunque crin y cola más oscuras o más claras.

## Castaño oscuro

Mezcla de negro y marrón, con la crin, la cola y los

extremos negros.

## Gris
Aunque la piel es negra, predominan los cabellos blancos y negros que se aclaran con la edad.

## Mosqueado
Con pintas marrones y fondo tordo.

## Moteado
Con pintas. Se le denomina también como Appaloosa.

## Negro
Piel negra y algunas manchas blancas en patas y cara.

## Palomino
De capa dorada, similar a una moneda, pero la cola y crin blancas. También, capa intermedia entre crema y dorado con cola y crines doradas.

## Pardo
Diferentes colores, entre ellos amarillo o azul.

## Perla
Dorado con la cola blanca y poco negro. El fondo de la capa es de color paja con cabos blancos.

## Pinto
Manchas blancas o negras de contorno y tamaño irregulares.

## Pío

Manchas blancas sobre un fondo de otro color. Se le conoce también como Pintado o Pinto. También, piel con manchas irregulares en blanco, negro o alazán.

### Ruano
Alazán mezclado con blanco. También, mezcla de blanco, negro y alazán por igual.

### Ruano azul
Negro o castaño, mezclado con blanco. Sus pelos blancos sobre fondo negro le dan un matiz azulado.

### Tordo
Color gris con mezcla de negro y blanco. Se conoce también como Tordo plateado y con la edad aumentan las pequeñas manchas oscuras. Los caballos tordos tienen la piel negra excepto donde presentan manchas blancas, debajo de las cuales es rosada.

### Tordo rodado
Algunos pelos grises oscuros en forma de anillo sobre fondo claro que desaparecen con la edad. Los caballos tordos tienen la piel negra, salvo donde existen manchas blancas debajo de las cuales es rosada. Nacen de color oscuro, casi negro, y se va aclarando con la edad. Existen casi sesenta variedades de Tordos, entre ellos el Tordo claro, el Tordo salpicado y el Tordo dorado.

# CAPÍTULO 4

## CASTAS Y TIPOS

Como todas las criaturas, los caballos y potros evolucionaron según el ambiente y clima en la región que habitaban. Aunque no es un animal con tendencias nómadas definidas, sin embargo, la familia del caballo (incluso las cebras y asnos) se ha extendido por la mayoría de las áreas de mundo, aunque su lugar de nacimiento generalmente se centra en América del Norte, donde existen los fósiles más antiguos encontrados hasta la fecha.

Si realizamos una observación general de caballos y potros en cualquier localidad, es obvio que hay caballos grandes, potros diminutos, cabelludos y lisos, aunque, para simplificar la selección, podemos decir que básicamente ciertas poblaciones evolucionaron grandemente en las regiones frías del mundo, y otras en regiones calientes, aunque hay variaciones.

Los animales nativos de las montañas de Bretaña son un ejemplo excelente de caballos que han evolucionado en un clima frío. Aunque nosotros clasificamos esa zona como un país templado, debemos recordar que la Europa norteña y Shetland están a solamente 400 millas al sur del círculo polar ártico, y la corriente del Atlántico Norte o el Arroyo del Golfo hacen que el clima sea menos apacible de lo que puede esperarse en esas latitudes.

Esos caballos, entonces, tienen el pelo espeso, largo en invierno para protegerlos de los vientos fríos y la lluvia, y también de las temperaturas heladas, nieves o hielos. El potro de Shetland y algunos otros nativos tienen lo que se denomina como un manto doble, con vellos toscos que se entremezclan con otros más suaves y más cortos. Esto origina que los vellos más largos protejan contra el tiempo y la lluvia, mientras que el pelaje corto y más suave ayuda a conservar el calor del cuerpo. La melena espesa y el pelo de la cola típico de estas castas también le da protección. En verano mudan su pelaje y ahora es más corto, más liso y les evita padecer los agobiantes calores del verano.

Otras castas norteñas poseen las mismas características, como ocurre con los grandes Shires y Percherones, así como con aquellas de granja que evolucionaron en las estepas frías y las tundras de la Europa Oriental norteña. Hay algunos tipos que son llamados popularmente como "llegados del frío", aunque esto no significa que su temperatura del cuerpo esté más fresca que en otros animales, sino que su temperamento es normalmente bastante flemático y no tan excitable como las denominadas castas de sangre caliente.

Estos animales de sangre caliente incluyen al árabe, su descendiente el Pura sangre y, muchos dirían, el Poni Caspiano y el Barb. Con la excepción del Pura sangre estas castas se desarrollaron climáticamente en zonas calientes del mundo, lo que ha podido comprobarse con diversos fósiles hallados, así como mediante los archivos históricos, todo ello relacionando con las civilizaciones antiguas, como los asirios y los persas. El Oriente Medio, entonces, se cree ha sido el lugar de nacimiento de estos caballos.

Así como normalmente tienen naturalezas más sensibles y excitables que sus primos, los de sangre caliente también crecen muy bien en los inviernos y no necesitan una protección adicional en climas fríos. Sin embargo, la pérdida del calor corporal ha sido esencial para ellos, puesto que tienen el pelo superficial, más corto y más delgado y el suministro de mayor cantidad de sangre cerca de la superficie de la piel les permite evacuar el calor más fácilmente.

El Pura sangre (Thoroughbred), probablemente el nombre más famoso de todas las castas del mundo, es principalmente un descendiente árabe, aunque hay otros tipos orientales en su composición y también algunos rastros diferentes, como la sangre fría británica, que sabemos se creó hace sólo dos o trescientos años en Inglaterra, inicialmente en Yorkshire. Debido a su linaje mixto hay una gran variedad considerable de castas, y algunos ejemplares que crecen en invierno son más pesados y más vulgares que otros. El Pura sangre, y particularmente el árabe, se ha usado mejorando o aumentando sus aptitudes para el paseo a caballo y tirar de carruajes en todo el mundo.

En la competición las castas de Sangre caliente europeas continentales están actualmente de moda; éstas, ciertamente, tienen en ellas mucho de la casta de Pura sangre (y por consiguiente árabe), pues se han realizado numerosos cruces entre los caballos nativos y potros de otros países diferentes. Los criadores han realizado castas con el Hanoverian, el

Trakehner, el Westphalian, el Sangre caliente holandés, el Sangre caliente dinamarqués, el Holsteiner, y así sucesivamente.

Los potros nativos británicos comprenden los Shetland y los dos tipos de potro de la Región montañosa, el Fell de Cumbria, el Dales de Yorkshire, dos tipos de Welsh (Galés) y el famoso Cob galés. Hay también una casta ahora establecida denominada Potro de Lundy engendrado del New Forest (Nuevo Bosque), y un caballo nativo británico bastante excelente de Yorkshire, el Bay (Bayo) de Cleveland, considerado ideal para tirar de carruajes. En el extremo sur del país, los Dartmoor y los potros de Exmoor están más cercanos al tipo primitivo de potro que primeramente evolucionó en nuestro clima, que a los que han tenido mezclas de otros tipos, incluso el árabe, durante siglos.

Irlanda desarrolló el llamado potro de Connemara y también el caballo de tiro irlandés, este último conocido particularmente bien por estar cruzado con el Pura sangre en diversas proporciones, consiguiendo producir cazadores extraordinarios y caballos de competición, particularmente saltadores.

## Estructura

Estructura o forma es un término sencillo sobre el que se han escrito libros enteros. Los expertos verificarán la estructura de cualquier caballo que usted haya considerado comprar, pero básicamente debe buscar un caballo que globalmente tenga buen aspecto. Tiene que tener un buen equilibrio global, total simetría, y con el pelo, crin y cola, ni tosco ni rizado.

La facultad para adquirir un buen juicio para elegir un caballo se adquiere casi exclusivamente con la experiencia. Un modo de aprender es acudiendo a las ferias y muestras de ganado y observar, más que a los caballos, a los expertos, aunque también le ayudará mirar a los ejemplares ganadores de los concursos. Poco a poco y del mismo modo que un padre o una madre sabe cuándo su hijo está enfermo o rebosa salud, solamente con mirar a un caballo fugazmente, usted aprenderá a encontrar detalles y características que le indicarán, sin lugar a dudas, la calidad del caballo que pretende comprar. También le será necesario estudiar los diferentes tipos que existen, como jamelgos, Cazador (hunter) y Cobs, y también las castas diferentes como árabes, los Welsh Cobs y los Draughts irlandeses para que pueda mejorar su instinto y ser capaz de reconocer los cruces.

El caballo imaginado aquí tiene un buen equilibrio en su estructura. Posee una buena genética y aparenta ser fuerte, pero nunca tosco. Aunque no es elegante y ni siquiera hermoso, se le considera guapo y con carisma. También tiene una expresión amable en sus ojos y en su cara denota que tiene probablemente un buen temperamento.

# CAPÍTULO 5

## RECOMENDACIONES PARA COMPRAR CABALLOS Y POTROS

América tiene muchas castas, todas ellas derivadas de los caballos procedentes del exterior, incluidos el Pura sangre y el árabe. Hay Quarter Horses, Saddlebreds, Standardbreds, Walking Horses, Morgans, el Shetland americano y muchos otros, entre los que no podemos olvidar al caballo de tiro o de carroza, lo mismo que el empleado en labores de granja.

Aquí en Europa, especialmente en Gran Bretaña, los caballos son considerados como Tipos, en lugar de Castas, existiendo cuatro grupos diferenciados: Poni tipo 1 (Exmoor), Poni tipo 2 (Highland), Caballo Tipo 3 (Akhal-Teké) y Caballo Tipo 4 (Caspiano). Tales animales no tienen a menudo ninguna genealogía o un registro adecuado, excluyendo el Cob galés, y a menudo la cría es desconocida o conocida sólo una o dos generaciones anteriores.

Un caballo Cob mediano no es más alto que 15.2 manos (una mano supone 4 pulgadas y ésta 25,4 mm), de figura rechoncha con las piernas tirando a bajas, cuartos fuertes, una cabeza atractiva y un cuello que debe ser fuerte pero nunca tosco. Generalmente tiene que ser paciente, con un temperamento deseoso de agradar y llegar a convertirse en un buen compañero, además de ser capaz de llevar a los adultos, a los niños y a los ancianos por igual. También tiene que presentir y evitar posibles trampas en el terreno, por lo que la inteligencia es un atributo imprescindible. En resumen, debe ser capaz de efectuar cualquier cosa que usted desee.

Un cazador es básicamente cualquier animal que usted pueda montar llevando al lado unos perros, desde un Shetland a un caballo de pura raza. Sin embargo, el cazador británico es un tipo bien definido y que se divide particularmente en tres categorías: el peso pesado, peso medio y peso ligero, pues dependiendo del peso el caballo se sentirá o no capaz de trabajar largo tiempo con galgos, posiblemente cinco horas o más.

La mejor manera de entrenar su ojo es visitando muestras de ganado, tanto en el ámbito regional como nacional y estudiar así el tipo de caballo que se exhibe como de mayor categoría y precio. Con esta observación usted desarrollará muy pronto unos buenos conocimientos. También le será de utilidad leer revistas especializadas y algunos libros como éste.

El caballo de paseo es otro tipo de caballo que, en teoría, le tiene que servir para sentarse encima de él pero que en la práctica está convirtiéndose en un tipo indefinido que vale para casi todo. De hecho, muchas clases de caballos de paseo están llenas de animales de medio peso, y a veces incluso hay cazadores ligeros que se exhiben como adecuados para el paseo.

## Los cruces

El mundo del caballo no tiene una palabra equivalente para definir igual que se hace con los perros cruzados, aunque es obvio que la mayoría de animales que se compran y se venden para el paseo a caballo son en general, mezcla de otras razas. Sin embargo, el caballo de competición que se emplea en Europa continental dispone de todos los papeles y certificados precisos y pasan por inspecciones estrictas antes de concederles el certificado que les reconoce su categoría como miembros de una casta. No se conceden estos certificados a animales que no dispongan de los adecuados papeles, aunque actualmente muchos de los caballos de competición británicos tienen huecos grandes en su genealogía y aún así consiguen buenas marcas y premios en las competiciones, sin importarle a sus dueños la carencia de papeles.

## El jamelgo

El jamelgo es un animal muy refinado, elegante, bueno y bello que se supone tiene modales tranquilos y está adiestrado para lograr una doma de exhibición en poco tiempo. También, es un animal que supone un placer montarlo, que puede jugar cuando es más viejo; en suma, la clase de caballo que usted estaría orgulloso de poder montar en un parque. Hoy no es frecuente encontrar este refinamiento y elegancia que desearíamos, quizá porque sus dueños también carecen de esas cualidades, y ya pocas personas vemos montando elegantemente a un caballo sosteniéndose con una mano mientras con la otra saludan a las mujeres. Un jamelgo no se puede definir como cualquier caballo de paseo capaz de correr detrás de los galgos un día y al día siguiente pasear por los parques públicos. Es más, posiblemente estos caballos tan refinados no serían capaces de aguantar mucho tiempo corriendo detrás del zorro. Las escuelas de monta y los establos de ahora no están ya interesados en estos caballos, aunque si usted encuentra alguno sepa que está ante un tipo a punto de extinguirse.

**Dónde encontrar su caballo**

Una de las maneras más satisfactorias para que un novato en caballos pueda encontrar un caballo adecuado es ir a un distribuidor honrado y para ello debe solicitar el asesoramiento de un experto. Desgraciadamente, los distribuidores no siempre tienen buena reputación, pero encontrar uno bueno tampoco le será difícil. La ventaja de acudir a una de estas personas es que le enseñarán varios animales que le puedan interesar, algo que no podrá conseguir si acude a un anuncio o a un particular. Estos buenos profesionales le permitirán realizar ensayos con el caballo y hasta es probable que le admitan su devolución, incluso después del pago, si decide cambiarlo por otro. También es posible que le admitan cambiar su caballo actual por otro que sea más adecuado a sus nuevos requerimientos, aunque todo dependerá del estado actual de su animal.

Una buena cuadra está interesada en mantener su buena reputación y aunque son personas que buscan hacer negocio con los caballos, suelen ser unos buenos amantes de los animales y tratan de estar dentro de las leyes que protegen al consumidor. La palabra viaja rápidamente y un mal comportamiento con un cliente le puede suponer la ruina, por lo que una estafa, incluso una muy pequeña, le podrá ocasionar el cierre de su negocio. El problema es que, en ocasiones, ellos también son estafados por malos clientes.

## La prueba

Comprar un caballo siempre es un riesgo y por ello muchas personas prefieren comprar animales recién nacidos. Si usted no posee suficientes conocimientos deberá ir acompañado por un experto y si ello no es posible, acudir solamente a lugares de prestigio, aunque sean más caros. Aun cuando el caballo que le gusta esté garantizado no estará seguro de su compra hasta que no lo pruebe durante varios días. Averigüe antes de cuánto tiempo dispone para efectuar una devolución, pues este tiempo deberá estar especificado en el contrato. También es importante que en ese contrato figuren todos los detalles físicos del animal, puesto que cuando intente devolverlo tendrá que demostrar que el mal era muy antiguo y que usted no lo sabía. Las ofertas son una buena opción cuando no se dispone de mucho dinero, pero no puede pretender la perfección.

## Vendedores privados

Los vendedores privados no están limitados por las mismas leyes como los profesionales y distribuidores.

Por ejemplo, una persona puede tener un caballo en venta porque le aterren los tractores que acaba de comprar o porque han inaugurado una nueva carretera que le produce miedo. Cuando lo compró era un animal útil y dócil, pero ahora solamente es un estorbo que come mucho. Esto mismo le puede ocurrir a usted cuando adquiere un caballo adulto y posiblemente esté interesado en deshacerse de él, aunque procurará no advertir de estos defectos a su comprador. Cuando vendemos algo no estamos muy interesados en hablar de los defectos de la mercancía y preferimos mencionar solamente las virtudes. Por eso insistimos en que normalmente no tendrá problemas cuando adquiera un caballo a un profesional, no sólo porque tienen una reputación que mantener, algo que a un particular no le importa, sino porque están sujetos a las leyes que protegen al consumidor.

## Inspeccione antes

Cuando haya elaborado una corta lista de los animales que probablemente le convienen, es el momento de probarlos. Los expertos le aconsejarán que, al menos, pruebe seis animales, evitando elegir precipitadamente el primero que le guste, aunque sea, ¿por qué no?, justo el que usted quiere. Mire primero los más guapos y si ninguno le gusta siga mirando, especialmente si se trata del primer caballo que va a comprar. Va a dar un gran paso y debe ser paciente por ello, evitando ponerse nervioso por no saber tomar su decisión o demasiado entusiasta con la primera opción.

Cuando le muestran un caballo en el campo o en el establo, lo primero que debe observar es si le agrada inmediatamente. Después, si se comporta de manera extraña, provocativa o incluso agresiva. Si hay algunos de estos datos márchese de allí, aunque el vendedor le insista en que con el tiempo usted y ese caballo serán buenos amigos. Como novato que es, lo que no debe hacer es buscarse problemas, por muchas razones que le quieran dar. Usted no quiere presumir de experto, pero sabe que necesita, por encima de cualquier otra cuestión, un caballo amistoso y con un carácter muy fácil de llevar.

Mientras le preparan el caballo para la inspección y le quitan sus alfombras y su brida, note cómo reacciona a estos procesos, si se encuentra incómodo, si no le gusta o si intenta morder a su dueño, o por el contrario, si aguanta todo con tranquilidad. También le será imprescindible notar si el dueño es irritable, desconsiderado con el animal, áspero y lo maneja con rapidez y brusquedad.

Después mire igualmente el habitáculo del caballo para descubrir posibles marcas en las paredes más bajas, señales de tablas o ladrillos que hayan recibido puntapiés, así como cualquier zona que indique que haya sido masticada y esto incluye la puerta, aun cuando esté revestida con metal. Todas estas cosas pueden indicar un temperamento inquieto, aunque también pueden inducirse por haber estado el caballo encerrado en el establo demasiado tiempo sin hacer ejercicio ni gozar de libertad. Indíqueselos calladamente a su consejero (quien probablemente ya los habrá descubierto), y averigüe si este habitáculo es el habitual de ese caballo o pertenece a otro. Seguramente no le dirán la verdad, pero después de la prueba tendrá datos suficientes para saber si ese animal tiene algún problema de temperamento.

Cuando el caballo sea sacado fuera para su inspección, le aconsejamos que camine detrás para tener una visión global a distancia. Así podrá calibrar ambos lados, si tiene algún balanceo inadecuado, y si responde al instante y de buena gana cuando le indican cómo debe moverse. Después será interesante que alguien le monte para poder verlo desde lejos, efectuando un ligero trote sobre una superficie dura, porque esto mostrará cualquier defecto, dolor o cojera. Su consejero examinará luego estrechamente al caballo; pasará sus manos bajo sus piernas y a lo largo de su parte de atrás para verificar cualquier reacción adversa, y descubrir alguna mancha o golpes antiguos que podrían indicar debilidad en el futuro. Deberá coger su pata para saber si están bien y fuertes, y mirará los dientes para conseguir una idea de su edad, así como las alteraciones en los dientes delanteros que podrían significar que el caballo es un mascador de madera, lo que indicaría una alimentación defectuosa. El vicio de morder es incurable, aunque hay veterinarios que aseguran poder resolverlo, alegando que la causa es porque el animal traga aire.

## Los primeros paseos

Ahora debe disponer de un minuto para sentarse en la silla de montar y conseguir una percepción del caballo en parado. ¿Encajan sus piernas alrededor y está cómodo?. ¿Siente que quizá es demasiado grande o pequeño para usted, demasiado ancho o demasiado estrecho?. ¿Percibe que hay "demasiado caballo" delante de usted o se siente como si estuviera muy cerca de sus orejas?. Parecen detalles extraños, pero son decisivos si quiere escoger un ejemplar adecuado. Cuando ha ordenado ya sus riendas y estribos, es el mejor momento para dar un corto paseo. No se olvide que todavía usted y el caballo son unos extraños totales, por ello debe guiar sus pasos con suavidad, evitando realizar movimientos bruscos, con cambios de dirección imprevisibles, y no efectuando todavía los saltos. Quizá el caballo puede hacer más de lo poco que le está pidiendo ahora, pero tenga paciencia pues ambos son en ese momento como dos alumnos; no hay un profesor. Después, cuando esté más experimentado, puede desear tener un animal más novato, un caballo que pueda domar a su gusto y adiestrarlo poco a poco, logrando así el caballo ideal.

Si le gusta el paseo que está realizando y siente como si ambos tuvieran la misma personalidad, no hay necesidad para pensárselo dos veces y puede tomar su decisión de compra allí mismo. Diga a su consejero que le gusta el caballo y también al vendedor, aprovechando entonces para seguir haciendo preguntas más concretas sobre el animal. Le sería interesante preguntar si existe algún defecto que deba saber, admitiendo que ningún caballo puede ser perfecto y que no se trata de una máquina. Por ejemplo, tendrá que saber si tiene aversión a los gatos o perros, si le gusta cabalgar por el agua o si es agresivo cuando está comiendo. Si se trata de detalles pequeños no les conceda importancia, salvo aquellos que impliquen que tendrá que gastarse mucho dinero en curarle en una clínica veterinaria. Si el vendedor es honrado, probablemente le permita probarlo durante una semana antes de decidir su compra.

Si en este periodo siente que realmente le gusta y su consejero lo aprueba, asegure su compra después de un examen completo por un veterinario, aunque esto le llevará unos días más. Posiblemente el vendedor no quiera ya demorar más la venta, pero ese certificado de salud posiblemente ya lo tenga en su poder. Si no es así, insista en obtener un certificado de buena salud antes de cerrar la compra.

Sobre este examen sepa que no incluye datos como la altura del caballo, temperamento, o si se le han administrado drogas (como analgésicos para enmascarar el dolor por una cojera), pues no son responsabilidad del veterinario averiguarlos. Estos detalles deben ser incluidos en una garantía escrita separada que descargue la responsabilidad en el vendedor. Si usted quiere otras cosas como pruebas de sangre para descubrir drogas, mirar sus extremidades con rayos x para descubrir enfermedades óseas crónicas, u otras pruebas médicas, deberá advertir al veterinario sobre ellas.

Si, además, quiere un caballo de una casta específica,

uno registrado por una organización de prestigio o algo similar, también tendrá que declarar que cuando el caballo le sea entregado querrá su genealogía, el registro, el permiso de importación si viene de otro país, y certificados de vacunación. Si todas estas cosas son muy importantes para usted, yo le aconsejaría que no entregara su dinero hasta que los tenga. Todos estos datos pueden parecer exagerados y posiblemente la mayoría de la gente no compre nunca caballos con tantos requisitos, pero si pretende competir con él, llevarle a exhibiciones, o que sirva de montura para sus hijos pequeños, no olvide ninguno de estos detalles y certificados.

Por otro lado, quizás sea prudente no mostrar sus emociones hasta el punto de permitir que el vendedor sepa que realmente está muy interesado por ese caballo. Si es así le tratarán de engañar diciendo que ya existe otra persona interesada en comprarlo y que debe tomar su decisión con o sin pruebas. En el otro extremo, si usted es de los que creen que todo precio inicial se puede rebajar y que solamente es cuestión de presionar al vendedor, sepa que también hay vendedores muy honrados que saben perfectamente el valor de su mercancía. Si ven que se comporta como un vulgar mercader y trata de quitarles la comisión que justamente deben ganar en la venta, dejarán de hablar con usted y posiblemente pierda ese buen caballo. Es frecuente que los vendedores justos y honrados se sientan insultados al ofrecerles muy poco dinero por un buen caballo, sabiendo, además, que un animal así es fácil de vender a quien verdaderamente entienda de ello.

## ¿Dónde va a guardar su caballo?

Si ya está en la etapa en que ha considerado como necesaria la compra de un caballo, y ha estado asistiendo a una escuela de paseo a caballo para alcanzar un buen nivel de habilidad, ya sabrá qué tipo de necesidades tienen los caballos con respecto al alojamiento. No es posible que lo pueda guardar en su jardín, por bonito y limpio que lo tenga, ni en su garaje, y ni siquiera en ese trastero de madera que tan confortable le parece. Un caballo es un animal grande, fuerte y con una tendencia natural para exigir espacio y movimiento. Las personas guardan los caballos y potros en todas clases de condiciones inusuales, por supuesto, pero con riesgo para la propia seguridad y la del caballo.

## El establo

Un establo puede construirse con ladrillos o también con piedras o madera, aunque en este caso el espesor de las tablas nunca debe ser inferior a los tres centímetros y protegidas con creosota, un aceite viscoso obtenido del alquitrán y que protege la madera contra los insectos y la humedad. El techo puede ser de teja o asbesto, este último más aconsejable por sus propiedades incombustibles y aislantes térmicas.
Lo esencial es que el caballo pueda moverse libremente y nunca le mantenga atado por la cabeza. El espacio disponible debe ser lo suficiente como para

que pueda girar sin problemas y que no tenga que permanecer pegado a la pared cuando esté tumbado. Si su caballo está incómodo y no descansa lo suficiente no le servirá para sus fines y habrá tirado el dinero, además de estar haciéndole sufrir inútilmente.

Las medidas más razonables para un caballo es una zona que sea, al menos, de 3 o 4 metros de lado, más otros cuatro de altura, disponiendo de una puerta no inferior a dos o tres metros. Las paredes, si es que se trata de un establo común a otros animales, deben tener una altura mínima de dos metros, siendo conveniente que disponga también de ventanas con aleros que impidan la entrada del agua y del sol. Sepa que el caballo es muy propenso a la claustrofobia y deberá evitar mantenerle en lugares cerrados o sin luz.

El piso siempre inclinado para que se efectúe sin problemas el drenaje del agua, o al menos que esté algo más alto que el resto. Un detalle curioso es que los pestillos que ponga a sus puertas o ventanas deben estar casi ocultos, puesto que estos animales desarrollan pronto una gran habilidad para abrirlos y escaparse. Si en los alrededores están otros caballos o diversos animales, el caballo tratará de escaparse y para ello empleará su dentadura y en ocasiones sus patas, por lo que le será imprescindible que no vea lo que ocurre afuera.

El comedero póngalo lo suficientemente alto como para que no pueda meter allí sus cuartos delanteros, pero justo a la altura de su boca. Si la comida está más alta le entrarán semillas y polvo en sus ojos con frecuencia.

Por último, tenga en cuenta que el caballo se pondrá

enfermo en alguna ocasión y que estará tumbado, por lo que deberá disponer del suficiente espacio para ello. También necesitará espacio para limpiarle, ponerle herraduras o mantenerle encerrado cuando el clima sea hostil en el exterior.

**Ejercicio**

Los caballos privados habitualmente no efectúan el ejercicio diario suficiente. Sus dueños asisten a la escuela, trabajan o tienen familia y otros compromisos que les impiden proporcionar suficiente ejercicio a sus caballos y la mayoría de estos animales tienen suerte si lo hacen una hora al día. Y en algunos casos las dos horas normalmente recomendadas para una vida saludable, las tienen que efectuar con movimientos lentos, ya sea vagando por un recinto pequeño o haciendo unos discretos y monótonos trabajos en la granja. En cualquier caso, nada de esto se parece al ejercicio y tipo de trabajo que pudiera considerarse como movimientos en libertad.

Para satisfacer su necesidad innata de espacio y movimiento, los caballos deberían tener grandes campos de aproximadamente diez o más acres (medida inglesa equivalente a 40 áreas y 47 centiáreas), pero habitualmente y eso en los mejores casos, suelen disponer de un acre, lo que es siempre mejor que nada. Incluso en las escuelas de aprendizaje las cosas no son mucho mejores y no siempre disponen del suficiente espacio para poder estirar sus patas galopando sin problemas. Un caballo, no lo olvide, necesita ser montado, hacer ejercicio en solitario y poder tumbarse sin problemas, puesto que todo ello le es imprescindible para ser feliz y estar sano.

Además del establo y otros medios adecuados, usted necesitará protegerle, alimentarle y proporcionarle ropa de cama, así como heno y paja. Referente a la comida sepa que siempre le saldrá más barato comprar grandes cantidades de alimento, ya sea por toneladas o balas, aunque debe asegurarse que lo podrá almacenar en un sitio adecuado, protegido de las inclemencias del tiempo y los parásitos. Si solamente tiene un animal posiblemente podrá almacenar su comida en el mismo establo o en el garaje.

Clave o sujete todo adecuadamente, tenga cuidado con el equipo y los suministros veterinarios que deberá almacenar en sitio seco, si es posible a la temperatura del establo. Los artículos de cuero se deterioran muy pronto y cogen moho si los mantiene en lugares frescos y húmedos. Siempre puede usar parte de un cuarto trastero de su casa, pero en la mayoría necesitará un sitio dedicado solamente a los accesorios de su caballo.

**La vida del caballo**

A todos nos gustaría que nuestros animales vivieran casi tanto como nosotros, pero al no ser así debemos asumir que su muerte nos creará siempre una gran tristeza y soledad. Una yegua tiene un periodo de gestación de algo más de once meses, y a las pocas horas de nacido el potrillo es capaz ya de sostenerse en pie, deficientemente, pero lo suficiente para que pueda alcanzar su comida sin problemas. Esta capacidad para valerse por sí mismo casi desde el nacimiento tiene su contrapartida, y es su corta vida si la comparamos con la de los humanos.

Un potrillo con doce meses parece muy alto puesto que sus patas lo son en proporción a su cuerpo, lo que le permite ponerse a salvo de posibles depredadores con rapidez. A las seis semanas es capaz ya de alimentarse por sí solo, siendo destetado totalmente a los seis meses o incluso antes. Las yeguas alcanzan su pubertad al cabo de solamente 15 o 24 meses de vida, aunque su periodo de reproducción no sobrepasa casi nunca los cuatro años.

Se empieza a considerar a un caballo ya adulto cuando alcanza el año de edad, pero todavía es algo zancudo, ligeramente torpe en sus movimientos más complejos y con una tendencia creciente a ganar peso. Se considera ya perfectamente formado cuando el punto más alto de la grupa está en línea con la cruz. El crecimiento óseo definitivo estará terminado cuando la epífisis de los huesos largos de las patas se han calcificado. Hasta ese momento la solidez de sus huesos no es lo suficientemente fuerte como para hacerle cabalgar con personas de gran peso encima. Todo este proceso óseo se considera finalizado a los dos años y medio de vida.

El carácter se consolida a los cinco o seis años, por lo que cualquier intento de doma posterior puede estar condenado al fracaso. Desde ese momento, hasta su muerte que puede acaecer a los treinta años, el cuerpo del animal sigue consolidándose, es más fuerte y se percibe porque la distancia entre la cruz y el codo es la misma que del codo al suelo. Ahora el caballo tiene un carácter estable, apenas padece enfermedades, soporta largas horas de trabajo y es cuando se le puede pedir la máxima potencia y resistencia, siempre y cuando haya sido entrenado pacientemente para ello.

En cuanto al deterioro físico, sabemos que un adulto tiene 12 dientes molares y seis incisivos (los machos poseen colmillos adicionales) que empiezan a deteriorarse a partir de los 12 años. Desde ese momento los dientes son más largos y aumenta la ranura entre ellos, redondeándose los cornetes y triangulándose la mesa. Sus articulaciones se suelen hinchar, la circulación es deficiente y los ojos se le hunden. El dorso se balancea hacia delante, tiene problemas para masticar y las digestiones son lentas y difíciles.

**Haga que su caballo sea feliz**

Hay un aspecto muy importante para tener un caballo. Casi todos necesitan la compañía de alguno de su propio tipo si quiere que estén contentos y, por consiguiente, crezcan mental y físicamente bien. Si usted está interesado en tener un caballo en su casa sepa que le será imprescindible proporcionarle otro caballo para que tenga un compañero, o conseguir un potro pequeño. También puede permitirle que salga fuera del establo y acuda a otro cercano, con permiso del dueño, para que ambos puedan tener relaciones. Si puede permitírselo, lo ideal es que posea tres o más caballos, aunque esto no es imprescindible si hace algo de lo indicado anteriormente. Otra solución es acudir periódicamente a una escuela de equitación para permitir que su caballo corra con otros como él.

**El caballo adecuado a cada persona o necesidad**

Mucho depende del trabajo que quiera que su caballo o potro hagan. Si necesita un animal callado y discreto, solamente para pasearlo, indudablemente le costará mucho menos que otro más competente. Si el peso que tiene o la habilidad son más importantes que la casta o el tipo específico, tampoco necesitará invertir mucho dinero en su compra. Quizá le será más interesante la altura del animal, puesto que de esto depende que usted se encuentre cómodo con él.

**El peso**

Solemos creer que cualquier caballo está capacitado para soportar nuestro peso durante todo el día, pero esto es un tremendo error. A modo de orientación le explicaremos que cuando esté montado en su nuevo caballo las plantas de sus pies deberán estar a nivel del esternón, lo que indicaría que ambos tienen una altura compatible.

Estos factores, sin embargo, dependen mucho de la constitución, de la grupa del caballo y especialmente de su raza o tipo, puesto que los caballos árabes, por ejemplo, son bien conocidos por su fuerza y vitalidad, así como por la facilidad con la cual pueden llevar peso.

## Temperamento

Los híbridos o los animales jóvenes son normalmente más tranquilos y tolerantes que los de casta, los árabes o aquellos de cría muy selectiva, pero esto no quiere decir que no pueda encontrar a una Jaca galesa muy nerviosa, por ejemplo, y algunos árabes muy callados y dóciles. Si usted es quien se considera nervioso, elija uno plácido; por otro lado, si usted es tranquilo y no propenso al pánico o le gustan los caballos de comportamiento flemático, no escoja un caballo fuerte y grande, de esos que parecen una montaña andante y que necesitan buenas piernas y manos para llevarlos.

## Hembra o macho

En cuanto al sexo, y como no tienen ningún parecido con el comportamiento de los humanos, de poco le servirá su experiencia con las personas. Este libro está escrito para los novatos y por eso no nos gusta hablar de caballos capados, pues podríamos herir sensibilidades. Los sementales (los machos no castrados) suelen necesitar ser manejados por especialistas, y aunque algunos muestran un temperamento extraordinario en manos de su amo, no son recomendables en las primeras etapas. Tampoco lo son las yeguas, algunas tan peligrosas e inmanejables que requieren suma paciencia y tenacidad para domarlas adecuadamente. Pudiera ser todo cuestión de hormonas, por supuesto, y por eso es bien sabido que los capones tienen menos problemas de carácter que los demás animales.

## La competición

Si usted ha alcanzado la fase en la cual quiere aumentar su dominio del caballo, quizá esté pensando entonces en la competición. Para ello necesitará un caballo con más habilidad y velocidad que los normales, pues si da miedo pensar en un aterrizaje forzoso a lomos de un caballo despistado, no es menos desagradable y frustrante competir con un caballo que no puede (o no quiere) mantener el ritmo de la carrera. Si cree que lo importante es participar, llegue el último un par de veces y verá lo hipócrita que es esa frase.

## Simplemente, un paseo a caballo

Más importante que todo lo anterior, y más placentero que cualquier otra actividad, es montar a caballo para simplemente dar un paseo un soleado día de primavera. En esta ocasión su ego puede aumentar muchos puntos cuando vea todas las miradas puestas en usted y su caballo, especialmente si es una guapa amazona ataviada con el más tradicional de los trajes. Para lograr esta imagen el caballo debe ser su amigo, y ya sabe que es imposible tener un amigo si ambos no se gustan. Del mismo modo que usted elige a las personas, la casa, su trabajo, el automóvil y su perro, también deberá escoger con sumo cuidado al caballo que le permitirá compartir sus horas de ocio. Cuando lo vaya a comprar déjese guiar por su instinto, más que por sus conocimientos. Una mirada es suficiente para saber si se gustan, aunque un ligero acercamiento también ayuda bastante. Acaricie a su presunto caballo y ambos sabrán ya si son como uña y carne.

Pero no olvide este consejo: a menos que a usted no le moleste tirar el dinero, nunca compre un caballo solamente porque siente compasión por él, porque necesitará después mucho equilibrio emocional para soportarlo y mucho más dinero para las visitas al veterinario. Las personas deben tener cuidado con sus delirios de bondad o amor a los animales, pues aunque está bien ser humano y caritativo con los animales, si va a emplear los ahorros de toda su vida y la mayor parte de su tiempo libre en un caballo, mejor será que le dé más satisfacciones que problemas. Si usted compra un caballo solamente por sentimientos y no dispone de medios para cuidarle, ambos sufrirán mucho.

### Aprender a montar

Montar es un deporte arriesgado y si no se toman ciertas precauciones puede ser incluso peligroso. Las compañías de seguros lo incluyen entre los deportes de riesgo, tanto como las carreras de coches y la práctica del alpinismo, y algunas lo consideran más que cualquiera de estas actividades.

Cuando usted monte a caballo, necesitará ropa que le proteja, como puede ser un sombrero duro y un protector de la parte de atrás, pero también es de sabios protegerse antes de comprar un caballo consiguiendo la ayuda de un especialista y los consejos esenciales sobre la técnica adecuada. Aunque en un principio le parezca mucho dinero el invertido en tomar lecciones tenga en cuenta que no es un gasto continuado y posiblemente con estas lecciones esté ahorrando dinero y salud, y en ocasiones hasta la vida.

## Escuelas de monta

Si ha estado asistiendo a una escuela particular de monta seguramente se habrá enamorado de los campos y montañas por los cuales ha montado a su caballo. También es posible que esté deseando ponerse a trotar por esos campos que ha recorrido tantas veces a pie o que quiera dar un nuevo sentido a su jubilación aburrida. El problema es que, en ocasiones, su caballo no colabora con sus proyectos y puede negarse a trabajar a su modo y manera, tal y como haría un escolar maleducado. Tiene que estar seguro que su caballo será capaz de pasar precisamente por donde usted quiere, e incluso atravesar una carretera llena de coches, saltar vados con agua y trepar montaña arriba. Si quiere asegurarse que le obedecerá siempre, mucho me temo que tendrá que invertir tiempo y dinero en acudir a una escuela de equitación.

## El veterinario

Un consultor ecuestre no es (normalmente) un veterinario también, y aunque le podrá indicar con bastante acierto si el caballo está sano, la tarea de realizar un examen médico completo al caballo es del veterinario, quien también le dará una opinión acerca de si es o no probable que algunos de sus defectos sean importantes.

Ningún caballo es perfecto y su salud futura dependerá esencialmente del trabajo que usted tenga planeado para él. Por ejemplo: puede ser que tenga una estupenda salud para el trabajo de granja pero ser muy torpe para el salto de obstáculos. Del mismo modo, puede ser un animal elegante y hermoso pero que se canse en el galope. Si consulta a su veterinario seguramente le indicará con bastante precisión las aptitudes de su animal y evitará con ello tener que culparse posteriormente de haberle lesionado, quizá para toda la vida. De no hacerlo así, es posible que le destroce las patas haciéndole saltar repetidas veces, si esta no es su mejor aptitud.

En general, el veterinario suelen ser experto en tratar cualquier tipo de animal, sean domésticos, agrícolas o salvajes, pero nuestro consejo es que busque uno especializado solamente en caballos, o al menos en animales grandes.    Como cualquier profesional le cobrará por sus servicios, además de incluir los gastos de viaje y también las horas que invierte en ir y volver. No se extrañe, por tanto, que los servicios sean más caros que otros veterinarios, aunque también puede aprovechar las visitas que haga a otros animales de los alrededores y ponerse de acuerdo con otros propietarios de caballos. Posiblemente, y esta es otra opción, podrá seguir disponiendo de los servicios médicos del mismo profesional que atendía a ese caballo con anterioridad, siendo esta una buen recomendación puesto que tendrá ya su historial clínico.

## El seguro

Muchas personas no se molestan en asegurar sus caballos, y suelen tener buenas razones para ello puesto que es frecuente que hayan tenido problemas pasados con las compañías de seguros. Es habitual que algunas compañías se nieguen a pagar una demanda absolutamente legítima, y ese mal proceder hace que mucha gente no considere interesante asegurar sus caballos.

Usted no debe llevarse a engaño con las compañías de seguros. Estas empresas quieren jugar sobre seguro y gustan de asegurar a personas, cosas o animales, que no les vayan a pedir dinero nunca en la vida. No se olvidarán de pasarle el recibo todos los años, ni de aumentárselo según el coste de la vida, pero todas esas palabras amables se vienen abajo cuando usted tiene un accidente y reclama la indemnización contratada. Por eso no se extrañe que no quieran asegurar su caballo si dice que va a dedicarse a la hípica y se muestren simpáticos si dice que solamente lo empleará para pasear por su jardín privado.

Ellos alegan que asegurar un caballo es muy arriesgado y que tendrá que pagar mucho si usted insiste en ello, pero le excluirán tantas cosas que finalmente no le compensará asegurarle y será mejor que pague una buena sociedad veterinaria en lugar de un seguro. Curiosamente, las compañías de seguros pueden negarse a asegurarle su caballo si creen que existe la posibilidad de que tenga algún accidente, por lo que si finalmente acceden léase bien la letra pequeña para saber porqué les ha interesado hacerle el seguro. Lo que no debe hacer es engañarles con respecto al caballo, su salud y las actividades que va a desarrollar, puesto que en caso de accidente se pueden negar legalmente a pagarle si las causas no estaban contempladas en el contrato.

También es posible que surja alguna pega por discrepancias entre los veterinarios, puesto que aunque el que usted tenga le haya asegurado que puede efectuar sin problemas deportes competitivos, si ocurre un accidente y el veterinario de la compañía no lo considera así le podrán acusar de engaño y no pagarle la indemnización. En el lado contrario, y demostrando una maldad que solamente los seres humanos pueden tener, se conocen casos de dueños que han lesionado deliberadamente a sus caballos o causado la muerte, para cobrar la prima del seguro.

En caso de accidente, lo primero que tiene que hacer es acudir al veterinario y, simultáneamente, avisar a la compañía de seguros. Esto es especialmente importante en el supuesto que su animal muera en accidente, porque debe ser visto invariablemente por el veterinario de la compañía que certificará que ha sido muerte accidental y no deliberada. Esto puede parecer cruel cuando el animal está seriamente herido y haya que sacrificarle para aliviarle de su dolor, pero si no espera a que lo vea el veterinario de la compañía de seguros no le pagarán la indemnización. Aunque no todas las compañías operan con tales políticas espantosas, algunas lo hacen, por lo que es esencial tener todo bien aclarado antes en el contrato y debidamente firmado.

Hay dos tipos de seguro que necesita: uno, para cubrir cualquier daño que su caballo pueda hacer a otras personas o su propiedad; y dos, para cubrir los pagos del veterinario en el caso de enfermedad mayor o accidente.

Cubrir las cuotas del veterinario es bastante razonable comparado con el valor del caballo y merece la pena, pero debe preguntar por futuras exclusiones y la posible prima que recibiría. Por ejemplo, usted podría exigir el tratamiento médico para un tendón torcido, pero cuando usted renueve la póliza se puede encontrar que ha subido alarmantemente o que todos los problemas futuros de esa pierna quedan excluidos.

# CAPÍTULO 6

## LA SALUD DEL CABALLO

La familia del caballo es única en el mundo animal, especialmente en sus funciones físicas y mentales que le sirven para mantener un sistema de supervivencia ideal y un estilo de vida que es una mezcla entre las aves rapaces y las especies que viven en manada. Estas condiciones tan naturales crearon un animal que necesita técnicas de dirección muy concretas para que pueda permanecer saludable y satisfecho.

### Digestión

Es asombroso que los caballos puedan mantenerse vivos con lo que comen cuando observamos cómo funciona su intestino. Los animales caballares, a diferencia de las vacas, no tienen una zona en donde la comida fibrosa es procesada, ni hacen una labor de rumiar, esto es, masticar por segunda vez el alimento parcialmente digerido. Su comida es digerida en parte por la acción de enzimas químicas en el estómago y el pequeño intestino, y en parte por una acción bacteriana en el intestino. Sus secreciones gástricas son más continuas y apenas están influenciadas por la presencia de comida, no como los humanos o carnívoros cuyos jugos gástricos son estimulados por la vista u olor de comida.

Los caballos que pastan en el césped disponen del tiempo y la cantidad de comida que necesitan, pero al alimentarse artificialmente requieren comidas pequeñas a intervalos bastante frecuentes. Las bacterias responsables de la digestión en el intestino son sensibles a los cambios en la dieta, y la regla general incluye una alimentación variada para que las bacterias no pierdan la habilidad de digerir un componente en particular.

No es una buena idea dar un día salvado y avena en el otro, puesto que todos los componentes de una dieta deben darse en cada alimento. Comparado con el aparato digestivo de una vaca el intestino del caballo es relativamente pequeño, y el proceso de digestión bacteriana tiene que ser más delicado e incluso las pequeñas perturbaciones que afectan la eficacia del proceso pueden tener consecuencias mayores. La digestión bacteriana se produce en el extremo inferior del intestino y eso después de haber atravesado el intestino delgado (que es donde la absorción de nutrientes tiene lugar principalmente en la mayoría de los animales), lo que ocasiona que no exista mucha longitud de intestino en la cual se puedan absorber los nutrientes. El caballo, por consiguiente, puede verse afectado por periodos de inanición relativa, y eso implica permitirle algunas temperadas de reposo o, al menos, no obligarle a efectuar trabajos duros cuando no esté bien alimentado. Finalmente, cada caballo o potro, por supuesto, tiene unas ineludibles necesidades de suministro constante de agua limpia y debe tener oportunidad de ser él mismo quien controle el momento y la cantidad.

## Los sentidos

El caballo es un animal herbívoro y ha tenido que adaptarse para sobrevivir a los ataques de los depredadores, y como resultado desarrolló un oído agudo, una visión especializada y un buen sentido del olfato. También posee un paladar sensible que le ayuda a evitar la mala comida, y una gran sensibilidad al tacto. Su caballo es, por consiguiente, un animal que dispone de unos sentidos muy desarrollados que le hacen ser muy consciente de todo lo que pasa en su ambiente, y que le ayudan a que tenga mucho cuidado con su alimento.

## Las orejas

Las orejas del caballo son grandes para poder recoger la máxima cantidad de sonido ambiental, y son plenamente móviles para que poder discernir la dirección de su origen. Ellos hacen esto de la misma manera que nosotros, aunque sin necesitar mover la cabeza, evaluando la entrada del sonido que llega a cada oreja, procesando entonces su cerebro los datos obtenidos y permitiéndole analizar la distancia y naturaleza del sonido mediante las diferencias de cada lado. El tamaño y la movilidad de las orejas refuerzan mucho esta habilidad.

## Los ojos

Los caballos poseen los ojos muy lateralmente y por

ello tienen un campo visual muy ancho. Se piensa que el caballo puede usar la información que le llega de manera independiente a cada ojo, combinando así de una manera más eficaz lo que ve para evaluar la distancia, la proporción del acercamiento de otro animal, y otros factores dimensionales.

## Olor

Un caballo tiene un buen sentido del olor, quizás no en una equivalencia con un carnívoro como el perro, pero no obstante probablemente mucho mejor que el nuestro. En estado salvaje necesita este sentido para oler a los depredadores acercarse, así como para encontrar y seleccionar comida adecuada. Esto suele ser un inconveniente cuando se trata de administrarle oralmente un medicamento, puesto que lo normal es que lo rechace.

## Sabor

El sabor también es importante en el caballo para ayudarle a seleccionar su comida y evitar la ingestión de venenos u otra comida impropia. Los caballos enfermos se negarán a comer puesto que pierden el olfato y el paladar.

## Tacto

Cualquiera que haya montado un animal sensible sabrá que poseen una gran sensibilidad al tacto e incluso pueden detectar una mosca posada en su piel y realizar un brusco movimiento para expulsarla. Este puede ser un buen mecanismo para ayudar a que los insectos no le transmitan enfermedades, así como para prevenir las infecciones de las heridas pequeñas que inevitablemente ocurren de vez en cuando. Es probable que el tacto sea también importante para los animales que viven en manadas, puesto que les mejora su conocimiento y les previene de elementos hostiles que se muevan alrededor de ellos.

**El corazón y los pulmones**

Los caballos son animales atléticos, construidos para correr, y su sistema cardiovascular tiene que ser eficaz. El corazón y pulmones son esencialmente iguales que los que poseen los demás mamíferos, pero es importante tener una comprensión básica de la manera que funcionan para entender los problemas veterinarios que pueden ocurrir.

**Detalles sobre su anatomía**

El caballo está adaptado para correr y saltar y los rasgos principales de su anatomía que lo diferencian de otros mamíferos, tienen que ver principalmente con estas adaptaciones.
La cabeza está provista de mandíbulas diseñadas para moler la comida como una preparación para la digestión en el estómago, con los dientes delanteros (incisivos) adecuados para mordisquear el césped y tirar de él. Los ojos están situados en el hueso de la cabeza, la cual, a su vez, necesita ser relativamente

fuerte y compacta para acomodar los músculos necesarios para mover los pesados huesos de la mandíbula. Las orejas también están fijadas en una posición alta.

El cuello es largo, pero su longitud también es un recurso cuando el animal está despierto y la cabeza levantada. Disponen de los músculos necesarios para soportar la cabeza, además de los grandes huesos del cuello. Los huesos de la espina dorsal están soportados por los músculos del tronco y otros de la parte trasera, al mismo tiempo que éstos protegen el cordón espinal. La parte de atrás es una estructura maciza ideal para nuestros propósitos humanos, como soportar carga o para montar, y en condiciones naturales está bien protegida contra lesiones. Solamente cuando pedimos a un caballo incapaz o inexperto exponer su parte de atrás a una carga antinatural, es cuando le podemos lesionar.

Los miembros son largos y el esqueleto se adapta para que el caballo camine con la última falange de su único dedo del pie para aumentar la longitud de la pierna. Los pies, los cascos, de los caballos se han especializado mucho con el fin de poder llevar el peso necesario. Dos estructuras son en particular importantes para soportar la carga impuesta en el pie: las láminas que ayudan a distribuir peso, y el cojín digital o almohadilla plantar.

La almohadilla fibrosa es elástica y actúa como un amortiguador en virtud de su elasticidad, y se piensa que también actúa como una bomba, ayudando a la sangre para retornar a la pierna. La ranilla ayuda a prevenir que el pie resbale y distribuye la presión, por lo que es esencial que esté en buen estado para las funciones normales del pie. La ranilla, la planta del pie y la pared del casco, crecen descendentes en la misma proporción.

## Un buen caballo

Cuando usted decide comprar su primer caballo debería tener al menos alguna idea de lo que constituye un buen animal. ¿Qué partes del cuerpo y miembros son particularmente importantes para que su caballo sea considerado como atléticamente correcto?

La parte de atrás debe ser bastante corta, sobre todo en los caballos de Tiro, aunque los animales de casta necesitan ser algo más largos atrás; sin embargo, todos los tipos deben tener una área lumbar relativamente corta. La mitad de la parte de atrás debe encorvarse muy ligeramente hacia la tierra, teniendo en cuenta que si está completamente recta atrás se considera una falta. Sus curvaturas aumentarán naturalmente con la edad del caballo, pero una curva excesiva es una falta en un caballo joven.

Recuerde estos detalles:

- La cabeza debe estar sostenida casi con orgullo, alta y no ser excesivamente ancha ni pesada con respecto al cuerpo.
- Los ojos vivos y demostrando inteligencia. Tienen que expresar nobleza y bondad, y no evitar

la mirada a los humanos. El parpadeo debe ser rápido e instintivo.

- Para que la silla no se escurra el dorso no debe ser muy grueso, con la cruz prominente.
- Las patas siempre frías, pero suaves, sin cicatrices ni protuberancias. Al andar no debe cruzarlas, ni cojear.
- Las cuartillas fuertes y elásticas, mientras que los cascos adecuadamente redondos y sin grietas.

## Enfermedades

Para saber cuándo un caballo está enfermo lo primero que necesita saber es cómo debe estar cuando se encuentra sano. Empiece mirándolo por encima de la puerta del establo y escuche su respiración, la posición de su cabeza y la solidez del cuerpo. La frecuencia respiratoria normal de un caballo descansando está alrededor de quince respiraciones por minuto, y su respirar debe ser silencioso. Cuando el caballo exhala, deberá observar un movimiento muy pequeño del abdomen. No debe haber ninguna descarga nasal, ni ningún tipo de mucosidad turbia y por supuesto nada de tos, aunque no se debe extrañar que el caballo tosa de vez en cuando si hay polvo en el aire. Algunos caballos habitualmente tosen y resoplan en el momento en que notan la silla sobre ellos.

Mire a menudo en reposo a su caballo para que aprenda a saber lo que significa estar normal. Si en algún momento usted percibe alguna señal nueva, como una dilatación del abdomen en una yegua (recuerde que se pueden quedar preñadas sin que usted lo sepa) y contracciones en un macho, deberá consultar al veterinario.

Las costillas deben estar un poco visibles debajo de los músculos y cuando el caballo está caliente no se extrañe de ver los vasos sanguíneos sobresalir a través de la piel. Un caballo descansado no tiene que sudar y no debe haber ninguna hinchazón en la piel.

Fuera, en el campo, un caballo enfermo suele destacarse en el grupo y no aceptar caminar ni trabajar. Suelen adoptar una posición anormal y en el establo se le notará inquieto o escarbando la tierra.

Los ojos deben estar claros, luminosos y abrirse sin problemas, sin ninguna zona roja en la parte blanca. Si el caballo ha estado fuera en el césped, es posible que tenga un tinte amarillento ligero e incluso puede tener un fluido un poco claro o zonas resecas de color pardo en las esquinas de los ojos. Sin embargo, cualquier hinchazón de los párpados es anormal.

Las orejas deben estar limpias, sensibles a los sonidos, y móviles. Si usted las toca no debe haber ninguna señal de dolor.

Los labios de un caballo normal están limpios y secos y solamente percibirá un olor dulce ligero en la respiración, aunque puede existir confusión dependiendo de lo que haya comido anteriormente. Cualquier falta u olor ofensivo es anormal. Normalmente las encías son rosas, aunque posiblemente encontrará áreas más pálidas, áreas con un tinte azul débil o con un tinte amarillo (en caballos que comen césped). Si usted aprieta la encía firmemente con su dedo debe blanquearlas al apartar los vasos sanguíneos por la presión, pero inmediatamente se deben volver de su color natural. Luego debe mirar los dientes, y observar si existen restos de comida entre ellos, si los bordes están afilados o se enganchan, aunque no debe olvidar que esto es normal en los primeros molares entre los siete y once años de edad. Una recomendación, incluso si se trata de un caballo muy conocido: tenga gran cuidado cuando examine la boca del caballo, y nunca intente poner su mano dentro porque le podría morder. Mire al caballo cuando come, y observe si tiene dificultad para coger la comida, masticarla o tragarla.

Si le observa por la parte de atrás, deberá ver que ambos lados están emparejados uniformemente, y si le acaricia con su mano firmemente no debe haber ninguna señal de dolor. Si le alza la cola el ano deberá estar limpio, sin restos de excrementos, lo mismo que la vulva de una yegua, aunque en este caso es normal alguna mucosidad clara muy pequeña. Mire debajo de la cola y verifique cualquier hinchazón, sobre todo en busca de pelos grises que pueden indicar la presencia de un melanoma.

Un caballo normal debe tener los miembros limpios, libres de manchas o hinchazones, y los cascos normalmente lisos y bien arreglados o herrados, así como protegidos con aceite de casco. Observe detenidamente cualquier raja o crujidos que le llamen la atención, y verifique si hay uñas sueltas, lo mismo que la corona. La ranilla debe ser suave y bien formada, y el ángulo donde la pared del casco se une con ella debe estar limpia y seca. La planta del pie debe ser firme sin áreas descoloridas, desmenuzadas o dolorosas.

Antes de montarlo deberá dejarlo pasear para verificar cualquier cojera y antes de sacarlo del establo asegúrese que sus excrementos son normales y qué tipo de comida le dan.

**Los cuidados**

La medicina preventiva y el cuidado veterinario rutinario son vitales si desea asegurar una buena salud a su caballo y evitarse consultas y problemas innecesarios. Pero la prevención no consiste solamente en llevarle a vacunar en la época recomendada, ni en hacerle visitar por el veterinario periódicamente, sino en proporcionarle una buena alimentación, un establo bien ventilado, cuidarle sus pies, lavarle correctamente, y mantenerle en libertad en campos convenientes con cercos apropiados (nunca con alambre de púas), así como en proporcionarle compañía frecuente con animales de su misma raza y distinto sexo. Aunque pueda parecer un mal consejo, si todos los caballos fueran correctamente cuidados por sus dueños los veterinarios tendrían poco trabajo. No obstante, hay algunas cuestiones específicamente veterinarias que necesitan atención para el cuidado de la salud de su caballo, como los partos, las vacunaciones y la cirugía dental.

## Los parásitos intestinales

Tenga cuidado especialmente con las lombrices intestinales, pues los potros son afectados principalmente por dos especies principales de gusanos: el Parascaris y el Strongyloides. Las larvas de gusanos Parascaris entran en el cuerpo a través del intestino y dañan al hígado y pulmones. Estos gusanos pueden causar una enfermedad severa bloqueando el intestino o causando peritonitis, o una tos severa con complicaciones secundarias. Un potro infectado con estos parásitos es más pequeño de lo normal y su condición general es pobre. Para prevenir la infección la yegua debe estar protegida antes de parir, el estiércol hay que recogerlo diariamente, y los establos y potreros deben mantenerse bien limpios.

El Strongyloides es un gusano más pequeño que solamente causa una enfermedad seria en el potro muy joven. Las larvas del gusano le llegan al animal a través de la leche de la madre, y puede causar diarrea severa y a veces la muerte.

Los caballos más viejos pueden ser afectados por gusanos rojos grandes (Strongylus o Triodontophorus), gusanos rojos pequeños (sobre todo Trichonema), así como con el Oxyuris y el Dictyocaulus. De éstos, el Strongylus vulgaris es el que causa la infección más seria y se piensa que es la causa más común de los cólicos espasmódicos. El caballo se infecta comiendo las larvas que se encuentran en el césped, y éstos pasan al intestino, entrando en el torrente sanguíneo. El daño cuando entran en la sangre causa un aumento de la coagulación y bloquea la circulación al intestino; esto puede causar la destrucción de una parte del intestino y con ello la muerte del caballo. En otros casos las larvas pasan al peritoneo, donde maduran y aunque apenas si producen síntomas lo más habitual son los cólicos o la muerte súbita.

Los gusanos rojos pequeños entran en el intestino con la comida y entonces crecen hasta madurar, ligándose a la pared del intestino. Los síntomas son poca fortaleza y anemia, aunque algunos caballos pueden desarrollar diarrea, y otros estreñimiento, dependiendo del nivel de infección.

La infección por Oxyuris no es muy importante. Los gusanos causan una irritación alrededor del ano y motivado por el intenso frotamiento para aliviar el picor hay frecuentes heridas y pérdida de pelo, pero se librarán con un tratamiento médico eficaz. Pueden verse a menudo los huevos del gusano alrededor del ano cuando la infección está presente y por ello el diagnóstico es normalmente fácil.

## Vacunaciones

Todos los caballos deben vacunarse contra el tétanos y la gripe caballar. En circunstancias especiales hay también otras enfermedades para las que pueden exigirse vacunaciones, como por ejemplo contra la rinoneumonitis caballar.

Algunos caballos son muy susceptibles a la infección por **tétanos** la cual penetra habitualmente a través de perforaciones en las uñas. La infección puede llegar igualmente por heridas superficiales de la piel o incluso por tratamientos quirúrgicos efectuados lejos de los quirófanos. En este sentido, muchos veterinarios prefieren dar antitoxina incluso a los caballos vacunados.

La mayoría de los fabricantes de la vacuna recomiendan la revacunación cada dieciocho meses o dos años después de una dosis inicial de dos inyecciones; esto podría empezar entre los tres a cinco meses de edad, y una primera dosis de recuerdo después de un año. Las yeguas embarazadas deben tener una vacunación de recuerdo un mes antes de parir. Se encuentran las bacterias que causan el tétanos en la tierra y el riesgo varía en un mismo país dependiendo del tipo de tierra. Las señales de infección por tétanos normalmente se manifiestan semanas o incluso meses después de la infección inicial; comienzan con rigidez muscular y dificultad para caminar, progresando hasta las convulsiones y muerte. No hay ningún tratamiento eficaz en la mayoría de los casos y frecuentemente los caballos que cogen el tétanos morirán de él.

**Gripe** caballar: es una enfermedad muy contagiosa y las epidemias son comunes. Los caballos suelen ser infectados una semana antes de los síntomas, y el periodo de incubación es de dos a cuatro días. Es muy común en grupos de caballos jóvenes, aunque cualquier caballo susceptible puede contagiarse a través de un caballo infectado.

Las vacunaciones normalmente empiezan a los tres meses del nacimiento, con una segunda inyección después de cuatro o seis semanas. Las primeras dos inyecciones de recuerdo se dan normalmente cada seis meses y la revacunación normalmente se efectúa cada nueve meses o un año. Desgraciadamente, la vacunación de la gripe ha pasado por periodos de tener una mala reputación porque los dueños de los caballos han manifestado que sus animales suelen padecer la gripe, o sus síntomas, a pesar de la vacuna e incluso hay quien ha encontrado reacciones adversas a la vacunación. Debe recordarse que hay también otras causas de infecciones respiratorias, además de la gripe, y un caballo enfermo puede estar padeciendo un problema respiratorio infeccioso a pesar de estar vacunado contra la gripe. Eso induce a muchos propietarios a pensar que la vacuna no es eficaz, cuando en realidad se trata de enfermedades diferentes. Finalmente, se recomienda que los caballos descansen unos siete días después de las vacunaciones.

La gripe normalmente empieza de repente con una fiebre alta, tos seca profunda y una descarga nasal de aspecto muy sucio que puede causar una infección secundaria. El caballo afectado debe descansar y permanecer aislado sin es posible. El tratamiento puede incluir los antibióticos para controlar cualquier infección secundaria, suspender la lactancia, y protegerle contra las corrientes de aire. Hay que dar una alimentación sabrosa y mucha agua para beber, además de mantener el establo completamente limpio, caluroso y seco. Después de la recuperación el caballo debe continuar descansando alrededor de diez días antes de volver a trabar.

## Cuidado de los dientes

La atención dental es esencial para mantener una buena salud. Muchos caballos, particularmente los más viejos, desarrollarán una pérdida de alineación ligera de los molares grandes, originando un rozamiento en el lado izquierdo contra la mejilla. Los caballos afectados pueden tener dificultad para masticar y se corrige fácilmente recortando los bordes afilados. Algunos veterinarios prefieren usar una mordaza adecuada o proteger las mandíbulas. Un consejo: nunca realice usted mismo este limado, aunque le digan que es sencillo. Los riesgos de infección son muy altos sin un instrumental y conocimientos adecuados.

## Otras enfermedades

### Aborto:

Es la pérdida de un potro antes del parto, y puede ser causado por una infección bacteriana, hongos o viral, en particular por virus del herpes caballar. Hay también otras causas no infecciosas causadas por la presencia de gemelos, desarrollo fetal anormal o nutrición pobre. Las lesiones serias también pueden llevar a la pérdida de un potro. El virus del herpes caballar es posiblemente el agente que más abortos produce e incluso se declara en forma epidémica, por lo que si una yegua aborta es importante que su veterinario haga un diagnóstico preciso para saber si es necesario el aislamiento.

**Bronconeumonía:**

No es una enfermedad específica en sí misma y puede ser causada por una variedad de bacterias, o la consecuencia de una infección después de una gripe. Es más mortal en potros poco cuidados y mal alimentados o en aquellos a los que se priva de tomar el calostro de la madre después del parto. Las señales de bronconeumonía incluyen respiración rápida, dificultad progresiva de la respiración y falta de apetito.

**Ahogo:**

Este mal se refiere a una obstrucción del esófago, boca o estómago, causada por no dar suficiente cantidad de agua después de alimentarle con heno seco. El caballo no puede tragar ese alimento deshidratado que se queda en el esófago. La pulpa de la remolacha que se infla cuando se mezcla con saliva, o una pelota pequeña, también son causas habituales de ahogo.

Las señales de alarma son inquietud, negativa para comer o beber, o posiblemente regurgitación de la comida a través de los orificios nasales. Muchos casos de ahogo mejorarán administrando comida blanda, pero otros casos requieren tratamiento veterinario. Siempre es mejor llamar a su veterinario para evaluar la situación en lugar de esperar para ver lo qué pasa, pues los retrasos pueden producir deshidratación o perturbaciones metabólicas serias.

**Cólico:**

La palabra "cólico" se aplica a cualquier dolor en la zona del abdomen, pero en uso común se refiere generalmente al dolor originado en el intestino. Los caballos parecen tener un intestino muy sensible, especialmente los árabes, y el dolor del cólico es a menudo intenso. Las señales empiezan con inquietud, falta de apetito y sudores, y cuando el dolor aumenta el caballo mira su ijar, manosea la tierra o intenta dar puntapiés a su abdomen, gimiendo o incluso bramando.

El cólico puede deberse a un espasmo a causa de un alimento en mal estado; por dilatación intestinal provocado por alimentos fermentables; por deshidratación; por comer alimentos con arena; por obstrucción a causa de una hernia del intestino; por tromboembolia causada por un gusano intestinal; o ideopático, el cual se refiere a aquel cólico cuya causa no ha sido diagnosticada.

**Conjuntivitis:**

Es la inflamación del tejido que bordea los párpados. Puede ser debida a infección o a la presencia de material extraño como un pedazo de paja. El ojo está rojo y doloroso y puede haber mucosidad o lagrimeo purulento. El tratamiento incluye bañar el ojo con solución salina y extraer el cuerpo extraño si lo hubiera. También pueden darse conjuntivitis en las primeras fases de gripe u otras infecciones catarrales.

# CAPÍTULO 7

## NUTRICIÓN DEL CABALLO

**Aspectos básicos**

Se emplean varias castas y tipos de caballos para una gran variedad de actividades a lo largo de todo el mundo, aunque en la actualidad estas actividades están centradas en el recreo y el deporte. Eso implica un mayor gasto en el mantenimiento y cuidado de los caballos pero, como contrapartida, frecuentemente su dueño no recibe beneficios económicos por poseer el animal. Por ello es importante evitar en lo posible las enfermedades del caballo procurándole una alimentación saludable y equilibrada, con raciones que cubran perfectamente sus necesidades nutritivas.

Existen numerosos mitos asociados con la alimentación de los caballos, mucho más que con cualquier otro animal y esto es debido a la falta de una investigación seria y actual que proporcione datos fidedignos a los dueños de los caballos. Frecuentemente, los aspectos nutricionales están recomendados por los fabricantes de alimentos, por lo que su imparcialidad queda en entredicho.

Las necesidades nutritivas variarán considerablemente entre cada tipo de caballo, dependiendo de la edad individual, peso, y nivel de su actividad. Para lograr un equilibrio no hay ningún suplemento mágico, puesto que la alimentación no tiene secretos, hasta el punto de que se pueda transformar cualquier caballo en un campeón.

Los caballos usan forrajes naturales como un componente básico de sus dietas. Estos forrajes son adecuados para el normal funcionamiento de su sistema digestivo y el requisito esencial es que proporcionen fácilmente fibra y heno. Los caballos maduros generalmente consumirán de este alimento entre el 1 y el 2,5 por ciento de su peso corporal cada día. Por ejemplo, un caballo de 1.000 libras (cada libra equivale a 453,5 gramos) debe consumir aproximadamente 20 a 25 libras (90 por ciento de materia seca) de alimento por día. La anatomía del tracto digestivo del caballo requiere que para una digestión eficaz en la utilización de forrajes de calidad estos deben ser altos en fibras. Si se administran pobres en fibras la digestión restringiría la cantidad de materia seca que un caballo puede comer y con ello disminuiría el aporte de nutrientes. Por consiguiente, lo mejor que podemos hacer es suministrarle forrajes de alta calidad.

Según estudios serios, los caballos deben consumir un mínimo del 1 por ciento de su peso corporal mediante heno. Los caballos maduros que realizan poco o ningún trabajo pueden ser mantenidos con forrajes de alta calidad sin complementar su dieta con grano. Sin embargo, cuando están creciendo, engendrando, o trabajando, los caballos requieren complementos del forraje mediante el aporte de grano o con un concentrado nutritivo adicional. Como una regla general, los forrajes deben proporcionar la mayor cantidad del peso total del alimento consumido periódicamente para el crecimiento óptimo del caballo y su desarrollo.

Los forrajes pueden proporcionar cantidades distintas de nutrientes dependiendo de la calidad de forraje y la cantidad consumida. El volumen de nutrientes del forraje y su concentración en la dieta del caballo, deben conocerse para proporcionar un equilibrio en la dieta. Una vez que conocemos la calidad de los alimentos, entonces podremos calcular apropiadamente las cantidades que debemos aportar.

**Pastos para los caballos**

Habitualmente de alta calidad, los pastos representan una de las mejores y más económicas fuentes de alimento en verano para un caballo. Si a esto añadimos suficiente agua, un ambiente limpio de polución y adecuado ejercicio diario, conseguiremos el mejor ambiente posible.

Los pastos productivos, bien manejados, pueden proporcionar la mayoría de los requisitos de la alimentación y al menor costo. De hecho, los buenos pastos pueden ser suficientes para aportar todos los nutrientes necesarios para la mayoría de los caballos. Sin embargo, los pastos pobremente manejados no consiguen aportar este equilibrio en la alimentación y frecuentemente son la fuente de muchos parásitos internos.

Unas pautas generales para los pastos (si van a servir como alimento básico) tomando como base un caballo con un peso de 1000 a 1200 libras son: para una yegua se necesitan 1.75 a 2 acres (un acre equivale a 40 áreas y 47 centiáreas), para los potros 1.5 a 2 acres y para los potrillos recién destetados 0.5 a 1 acres.

Cuando la extensión en acres está muy limitada (menos de un acre por el caballo), el uso principal de este terreno puede ser entonces para el ejercicio, puesto que como suministro de alimento se queda pobre. Sin embargo, hay personas que aunque disponen de unos pastos de poca extensión logran aumentar la producción mediante sistemas rotatorios que proporcionan mayor cantidad de alimento.

**Mejora de los pastos**

Si usted ya tiene buenas zonas de césped adecuado y especies de legumbres, la fertilidad de la tierra puede ser suficiente para asegurar unos buenos pastos para sus caballos. Pero la mayoría de los pastos de hierba permanentes producen menos de 2000 libras de materia seca por acre al año, muy por debajo de lo que pueden producir, pues habitualmente los rendimientos en muchos pastos pueden ser doblados aplicando simplemente cal y fertilizantes. Este procedimiento cuesta mucho menos y da menos trabajo que la renovación de la pastura completa. Además, posiblemente los materiales que necesita para ello son también más baratos.

Lo que puede hacer es aplicar cal y fertilizante según los resultados de la prueba de su tierra y siguiendo las recomendaciones de los expertos. Una prueba de la tierra determinará el pH (acidez) y los nutrientes habituales. También debe saber que la respuesta es a menudo lenta cuando se aplica cal y fertilizante en la superficie de las tierras y que puede llevar 1 a 3 años, dependiendo esencialmente de las necesidades de cal y otros elementos, antes de que su césped sea espeso y productivo de nuevo.

Si no tiene una buena tierra, puede querer renovar los pastos destruyendo las plantas existentes y plantando mezclas productivas. Este procedimiento normalmente produce un rendimiento mayor por acre, pero también será relativamente caro de lograr. Si planea renovar unos pastos viejos debe considerar los puntos siguientes:

1. Realizar pruebas para determinar cuánta cal y fertilizante se necesita.
2. Aplicar la cal requerida varios meses antes de la siembra real, procurando mezclar la cal uniformemente a lo largo de la tierra.
3. Seleccione una mezcla de semillas que complementen la siembra.
4. Destruya o suprima los pastos viejos arando o usando herbicidas.
5. Use el método apropiado para sembrar basado en la magnitud del cultivo.
6. Proteja el área sembrada hasta que las nuevas plantas se establezcan bien.

Tenga en cuenta que la hierba más vieja se infesta a menudo con un hongo endófito (dentro de la planta). Las toxinas asociadas con este hongo son la causa de una baja reproducción, abortos, agalactia (falta de leche) y gestación prolongada en las yeguas. Use siempre un tipo de pasto libre de hongos siempre que intente establecer mejor césped y recuerde que tiene que quitar las crías de las yeguas de las zonas que contengan hongos, tratando de apartar también a la yegua del lugar al menos 90 días antes de parir.

## Sobre los pastos

Si usted mejora sus pastos con el uso de cal y fertilizante o replantando, lo esencial es cuidar las especies deseadas persistentemente para que sean productivas. Los caballos para vaqueros pueden desarrollarse más o menos que se muevan en nuevos pastos frecuentemente. Por consiguiente, una forma de lograrlo es hacerlo rotatorio. La extensión de acres correcta para un caballo cambia con la estación, así como por otros factores. Sin embargo, una buena regla es proporcionar un acre por lo menos de pastos de buena calidad para cada caballo. Debe preparar 5 ó 6 potreros y permitir a los caballos que estén primero en una área durante aproximadamente una semana y entonces cambiarles a otra. Este sistema ayuda a proteger las legumbres y los céspedes que crecen mejor y aumentan el alimento disponible por acre. Además, rotando los caballos de una zona concreta de pastos puede romper el ciclo de vida de algunos parásitos.

Aplique fertilizante cuando lo necesite. Deben fertilizarse las zonas de pastos del caballo anualmente si las legumbres y céspedes deben persistir y ser productivas. El fertilizante a usar depende del momento y las circunstancias de los pastos.

Si usted planea comprar heno para su caballo, entonces considere los factores discutidos anteriormente. Sin embargo, si quiere sembrar y segar su propio heno, siga los pasos que le indicamos.

1. Escoja especies adaptadas, variadas y mezcladas. En general, las mezclas simples que consisten en una sola legumbre como alfalfa y un solo césped, se las preferidas.
2. Fertilice anualmente.
3. Siegue la mies a tiempo, pero no lo haga en clima húmedo.
4. Las hojas de la planta se digieren mejor y tienen más valor nutritivo, incluso en proteínas y minerales que cualquier otra parte de la planta.
5. Debe guardar su heno en lugar seco y bien limpio. El heno mohoso es inaceptable por los caballos y para ello no debe contener más de un 20% de humedad.

**Consejos a los dueños de caballos**

Antes de empezar cualquier tratamiento, deben seguirse estas pautas:

1. Obtenga un diagnóstico médico completo y exacto de un veterinario autorizado.
2. Esté seguro que entiende las opciones del tratamiento.
3. Revise que tengan el adecuado registro de sanidad y venta. Mire si recomiendan, aunque sea en

letra pequeña, que se emplee bajo vigilancia veterinaria.

4. Nunca los emplee sin consejo expreso de su veterinario.
5. Realice exámenes veterinarios periódicos para determinar si la terapia está teniendo un impacto positivo.

**Un consejo:**

No dude en acudir a un profesional que sepa aplicar acupuntura, hierbas medicinales o quiropráctica en los caballos. Evitará efectos secundarios y normalmente suelen dar casi el mismo resultado que los medicamentos. Muchos veterinarios ya incluyen los tratamientos naturales, lo mismo que la homeopatía.

# CAPÍTULO 8

## LAS PRINCIPALES RAZAS

### *PONIS*

Se conocen nueve razas procedentes del Reino Unido, la Exmoor, Dartmoor, New Forest, Galés, Fell, Dales, Highland, Shetland y Connemara, todas ellas con una gran fortaleza corporal, dureza y facilidad para adaptarse al entorno. Anteriormente existían otras muchas razas de Ponis, pero la mayoría desaparecieron antes del siglo XVII. Afortunadamente, las nueve razas seleccionadas, aún conservando las buenas cualidades de sus antepasados, están muy mejoradas, especialmente por la mejor alimentación y un aislamiento que impidió nuevas mezclas.

### ARIEGEOIS

**Historia:**
Parecido extraordinariamente al Poni Dalés y al Fell británico, se le considera realmente un Poni de montaña. Sus antecesores provienen de unos caballos con más de 30.000 años de antigüedad, con influencias posteriores romanas y orientales, tomando del caballo de tiro italiano su tamaño. También existe una gran posibilidad de que tenga influencias a través

de las yeguas de carga de las legiones romanas y más recientemente con cruces de Percherón y Bretón.

## Características:
Posee pelo grueso y fuerte que le faculta para tolerar nieve, hielo y temperaturas muy extremas. De cuerpo fuerte con grupa caída, cruz baja, hombros rectos y unos pies tan duros que no necesitan herradura por la dureza de su casco, tiene una cola de inserción baja, que al igual que la crin es de un pelaje grueso y áspero. El color negro es lo habitual, y es muy raro encontrar alguno que tenga marcas blancas.

## Peculiaridades:
Se le denomina también como caballo de **Mérens** y es capaz de trabajar sin problemas en zonas de alta montaña e incluso en lugares con hielo. Habitual caballo de carga, es empleado con éxito para el contrabando de montaña y para trabajar sustituyendo al tractor. No soporta bien el calor y en verano debe protegerse del sol del mediodía.


## BASHKIR

## Historia:
Este Poni de enorme resistencia proviene de la estepa rusa y de él se conocen más de 1.000 tipos diferentes. Su evolución data desde hace algunos siglos, desencadenando en dos tipos de Poni muy diferenciados: el Poni de montaña y el Poni de estepa. Ha sido, desde el siglo XIX, un caballo de gran

rentabilidad económica, llegando a establecerse centros especializados para mejorar su fortaleza.

**Características:**
Denominado habitualmente **Bashkir** rizado por la forma de su pelo, es un animal muy robusto, de amplio cuerpo, cuello grueso corto y musculoso, hombros pesados y rectos, cabeza algo basta, con unas extremidades cortas pero bien proporcionadas y unos pies tan duros que no necesitan herraje.
El color alazán (mezcla de marrón y negro) es el que predomina entre este tipo de Ponis

**Peculiaridades:**
Fue utilizado como animal de carga y de tiro, aunque su principal finalidad fue la de servir para proporcionar carne y leche, ya que una yegua en su período de lactancia puede llegar a suministrar hasta 1.600 litros de leche.
Habituado a temperaturas bajo cero es capaz de buscar y encontrar comida bajo la nieve. Viven en manadas durante todo el año, tal y como hacían antes de ser domesticados. Un dato curioso es que su pelaje de invierno grueso y rizado ha sido utilizado para tejer.


**BARDIGIANO**

**Historia:**
De origen italiano, en la zona norte de los Apeninos, es un descendiente del desaparecido Haflinger

Avelino, aunque con grandes influencias orientales. A pesar de tener en su mayoría las características de las razas de montañas se le reconoce una gran influencia del Avelignese, una raza italiana con los mismos antepasados que el Haflinger. Aunque no es una raza muy conocida, es una de las más atractivas.

**Características:**
De orejas pequeñas y puntiagudas ancladas en una cabeza fina y afilada hacia el hocico, posee hombros con tendencia a ser rectos y una parte delantera sumamente poderosa. El cuerpo es corto y compacto con amplia cavidad torácica, mientras que las patas traseras son correctas y la grupa muy prominente.
De carácter fuerte es, no obstante, muy adecuado para el trabajo en la montaña.

**Peculiaridades:**
Aunque pesado es muy veloz gracias a sus pies firmes y se adapta especialmente bien a la vida en las montañas de clima templado moviéndose con gran habilidad entre ellas. Es utilizado para carga y tiro ligero, especialmente por la longitud de su dorso y su espalda recta. Otra peculiaridad son sus orificios nasales, iguales a los primitivos Ponis tipo 1 y que calientan adecuadamente al aire antes de inhalarlo.

**CASPIANO**

## Historia:

Se dice de él que podría ser la raza más antigua, llegando incluso a ser anterior a la raza árabe. Fue descubierto en Irán en el año 1.965, aunque ya en la era precristiana de los egipcios y persas, se encontraron representaciones de caballos similares. Pudiera ser un eslabón entre los primeros Equus y los caballos del desierto y la meseta, lo que sirve para enlazar con todos los caballos modernos. En la actualidad se encuentra extendido por Australia, Reino Unido, Nueva Zelanda y EE.UU.

## Características:

De orejas peculiarmente pequeñas (no alcanzan más de los 11 cm), con cuello largo y arqueado, cruz alta, cabeza corta con piel fina, y cuerpo estrecho, es un caballo diminuto con una estatura que no sobrepasa 1,20 m. Los cuartos traseros son poderosos y bien proporcionados, con una buena longitud desde la cadera hasta la punta del corvejón. De pies pequeños pero fuertes y duros, sus colores más frecuentes son: alazán, castaño y bayo, aunque también se encuentran algunos negros y cremas.

## Peculiaridades:

Aunque por su tamaño no lo parezca es capaz de alcanzar una gran carrera similar a la de un caballo mucho mayor. Se le reconocen unas buenas dotes de saltador, aunque es utilizado mayoritariamente para silla y tiro. Por la estrechez de su cuerpo es muy apropiado para jinetes jóvenes. Posee unos cascos pequeños y fuertes que no precisan herraje ni siquiera para terrenos pedregosos.

## CHINCOTEAGUE/ASSATEAGUE

**Historia:**
Tienen su hábitat en las islas de Chincoteague y Asseteague (Virginia), y descienden de los caballos abandonados durante las primeras colonizaciones españolas y norteafricanas.
Aunque no tenemos datos escritos de ello, se cree que a consecuencia de un naufragio algunos caballos Berberiscos que sobrevivieron nadaron hasta la costa viviendo allí de forma salvaje desde entonces. Uno de estos ejemplares alcanzó gran reputación por la película "Misty", basada, a su vez, en el libro "Misty de Chincoteague".

**Características:**
De cuerpo corto y compacto, con cruces desiguales, y hombros pesados, tiene una altura de alrededor de 1,20 m. Las buenas cualidades que hubiera podido heredar del caballo español fueron desapareciendo motivado por el entorno salvaje en el que vivían. Rebelde e intratable, necesita un buen adiestramiento antes de ponerlo a jugar con niños. Entre los colores de su capa podemos encontrar todas las variedades.

**Peculiaridades:**
La mayoría de los Ponis de este tipo viven en un parque nacional de Assateague, viéndose obligados

cada año a cruzar a nado el canal hasta Chincoteague para ser vendidos a jóvenes jinetes. Esta costumbre ahora es objeto de controversia, puesto que parece ser que afecta a las aves marinas y a los peces de la zona y ello conduce a que los caballos no tengan la misma libertad que antes.

## CONNEMARA

### Historia:
Originario de la costa oeste de Irlanda, fue llevado posteriormente a España. El resultado fue un caballo fuerte y ágil, aunque posteriormente se trató de impedir nuevos cruces. Es la única raza indígena de Irlanda, nativa de la costa oriental, y se considera influenciado por el Hobby irlandés y la jaca ambladora española. Descrito como una "mula resistente", se le menciona como un animal sumamente fuerte y con habilidades especiales para el salto.

### Características:
De excelentes hombros adecuados para la monta, posee también un gran cuello, lo mismo que unos largos huesos en las extremidades y una cadera igualmente larga. La cabeza es poco pesada y se le nota la influencia árabe. El cuello tiene una largura excepcional y poco habitual, lo que aumenta su potencia, al mismo tiempo que sus buenas espaldas le proporcionan su aptitud natural para el salto.

Puede ser montado sin problemas por niños y adultos y se le considera muy sensato.

**Peculiaridades:**
Es uno de los mejores saltadores, así como muy rápido y resistente. Los Ponis criados en libertad sobreviven sin problemas en un ambiente salvaje, libre de pantanos y ríos, preferentemente sin montañas, comiendo hierbas ásperas y soportando condiciones climáticas severas. Necesitan, al menos, un suelo rico en fosfatos y otros minerales.
Es básicamente un buen Poni deportivo, duro y con una salud de hierro, capaz de resistir largos períodos de carencias alimentarias, además de ser fértil y estar libre de enfermedades. Enganchados a un carro son valientes y enérgicos.

## DALES

**Historia:**
Aunque relacionado con el Fell, procede de Pennine, una zona al este de North Yorkshire y Northumberland. Su desarrollo data de los siglos XVIII y XIX cuando se le hacía trabajar en las minas de carbón. Fue cruzado con el Clydesdale y en el siglo XIX se introdujo sangre de Cob galés, concretamente del trotón Comet, aunque también se intentó cruzar sin éxito con el Clydestale.

**Características:**

De hombros fuertes que le facultan para el tiro, tiene también fuertes ancas de gran poder impulsor, miembros cortos y poderosos, calzado sedoso y pies duros. El cuerpo posee suficiente profundidad en la cincha, una caja torácica elástica, el dorso corto y los riñones fuertes y anchos. De caña corta y plana, tiene pelo a partir de las rodillas y corvejones.

Refinado, calmado y moderno, se puede considerar que posee un gran coraje, unido a fuerte resistencia y carácter muy tranquilo.

### Peculiaridades:

Es un magnífico tirador de carros y también apto para la monta. Necesita muy poca cantidad de forraje y por ello se le considera un caballo fácil y económico de mantener. Enganchado a un carruaje se comporta con brillantez, lo mismo que cuando es utilizado para montar por los turistas. Se dice que es capaz de tirar de pesos de hasta 100 kg. y de recorrer una milla en tres minutos tirando de un peso similar. Sus cascos azules y sus fuertes huesos, son otras de sus mejores características.

## DARTMOOR

### Historia:

Habitual compañero del Exeter y el Plymounth, no ha podido consolidar su raza originaria de Dartmoor Forest en Devon. Mezclado en el siglo XII con sangre oriental y posteriormente con el Leat, el Dartmoor moderno es no obstante un caballo elegante. Criado inicialmente en los páramos de Dartmoor, la mezcla con los sementales Shetland ocasionó su desaparición como animal para la monta, aunque posteriormente, en 1922, un nuevo cruce le proporcionó la categoría. A punto de extinguirse en la II Guerra Mundial, pues solamente habían sobrevivido doce yeguas, logró salir adelante.

**Características:**
De buenas extremidades y pies, posee hombros delgados e inclinados que favorecen el movimiento. Tiene cabeza pequeña y refinada, perfectamente unida al cuello y sin carnosidad en la mandíbula. Las orejas son pequeñas y atentas, así como se le encuentra una gran elegancia, considerándose como una de las razas más bellas del mundo en el salto. El color de su capa puede ser tostado o bayo.

**Peculiaridades:**
Apto para la monta, especialmente para el salto con profundidad, se le puede encontrar todavía en algunas caballerizas privadas de Inglaterra. Criado extensamente en toda Europa, es hoy un caballo muy popular, algo más rudo cuando se cría exclusivamente en los páramos. Aunque estuvo a punto de desaparecer hace años, hoy se ha recuperado y se le considera como uno de los Ponis de montura más elegantes del mundo.

## EXMOOR

### Historia:
Originario de Exmoor, al norte de Inglaterra, se le menciona como una de las razas más antiguas con rasgos únicos. Se cree que su antepasado era un Poni tipo 1 y sabemos que se le empleaba para tirar de los carros en la edad del bronce y posteriormente para la caza del zorro. Durante la I y la II Guerra Mundial fue un excelente animal para los niños y todavía le podemos encontrar formando manadas en los páramos.

### Características:
De ojos prominentes y medio cerrados, tiene una larga cavidad nasal, extremidades cortas y bien formadas, así como pies duros. Como nota peculiar están sus siete molares. De espaldas bien tendidas y escápulas cercanas, tiene una cincha compacta y profunda, dorso recto y costillas largas y distanciadas.

Con una altura aproximada de 1,20 m. tiene capa de color bayo, o tostado pero nunca blanco. El color de la capa es castaño claro u oscuro, con los extremos negros y coloración clara en la nariz y alrededor de los ojos.

### Peculiaridades:
Fuerte, robusto y muy resistente al frío, si se le cruza con un Pura sangre se logran estupendos ejemplares. Se le doma muy bien y es capaz de soportar por igual a un niño inexperto que a un adulto de poco peso y valiente. Se le emplea habitualmente como animal de

tiro de carros para niños y, especialmente, para trabajar unido a otro caballo, pues se adapta fácilmente y es resistente.


## FELL

### Historia:
Originario de los siglos I y II d. C., recibió alguna influencia de los caballos Frisios que fueron usados en las legiones romanas. Procede de los Pennines del oeste, Inglaterra, y es el equivalente moderno del Galloway escocés, de donde evolucionaron los Pura Sangre. El más famoso de todos es el Lingeropper, un semental que data de 1745. Se le conoce también como Grough Hill por estar asociado a la feria de esa localidad.

### Características:
Posee el cuello más largo que el Dalés, los hombros caídos y el cuerpo compacto. Tiene pies firmes de casco azul, cuartos traseros y muslos perfectamente musculados, así como corvejones bien emplazados que se flexionan mucho. Su cabeza, bastante pequeña, está bien definida, con una frente ancha afilada hacia la nariz. Tiene su capa de color negro o alazán tostado, llegando a medir hasta 1,40 m.

### Peculiaridades:
Es un Poni apto para el deporte por sus aptitudes especiales, aunque ahora se producen con él caballos de competición en la disciplina de monta. Con su paso

seguro, su resistencia y la gran rapidez que posee, hay quien piensa que es el origen cierto del Pura sangre inglés.

Valiente y capaz de soportar un trabajo duro, ha sido empleado por ello frecuentemente por los vaqueros y guerreros de todas las épocas.

## GALICEÑO

### Historia:

Aunque su origen está en Méjico, se piensa que fue llevado allí por los españoles en sus primeros viajes. Debe su nombre a la región española de Galicia, ya que fue allí donde comenzó su cría, siendo reconocido como raza en el año 1958. Más tarde se extendió por toda Europa, siendo muy apreciado por su paso veloz. Tanto el Galiceño, o **Galiceno**, como el Mustang descienden de caballos españoles y se cree que fueron abandonados allí por Cortés cuando invadió Méjico.

### Características:

Con unos ojos inteligentes y espaciados, soportados por una cabeza esbelta, tiene unos hombros rectos y un pecho poco profundo. Se puede destacar en él la falta de grosores en la quijada.

Con extremidades sólidas y pies abiertos por su tamaño medio entre el Poni y el caballo es muy apropiado para jinetes jóvenes. Se le considera muy inteligente, valiente, versátil y amable.

**Peculiaridades:**
Aunque es estrecho y de constitución ligera es un animal robusto, resistente, inteligente y de buen trato. Por su agilidad y velocidad se adapta perfectamente para ser un buen Poni de rancho, aunque sus funciones más habituales han estado centradas en el transporte y el tiro. Hay quien le considera un caballo pequeño y no un Poni, puesto que puede llegar a alcanzar los 1,40 m de alzada. Cuando corre, lo hace de una manera muy peculiar y no habitual en un Poni.

## GOTLAND

**Historia:**
Originario de la isla de Gotland desde la Edad de Piedra, se cree fue cruzado con sangre árabe desde el siglo pasado mejorando con ello sus características físicas. Los bosques de Löjsta, en Suecia, le permitieron vivir en semilibertad. Se le considera la raza escandinava más antigua y se le conoce también como **Skogsruss**. Le podemos encontrar un gran parecido con el Huzul y el Konik polacos, siendo esta la razón para creer que desciende del Tarpán.

**Características:**
De cuello corto, cuerpo estrecho y constitución ligera, posee no obstante unos fuertes hombros. Su defecto radica en las patas posteriores, poco robustas, aunque dotadas de bastante resistencia con unos pies firmes.
El color de su capa va desde el tostado al palomino (capa dorada con crin y cola blancas). Su grupa es

poco agraciada y en conjunto se le considera de constitución ligera y estrecha. Es bondadoso, algo obstinado pero manejable.

**Peculiaridades:**
Se emplea en las carreras de trotones por su atractivo y rápido paso, pero aunque es bueno en el salto no sirve para la carrera al galope. También es frecuente verle haciendo labores de granja. Ligero y estrecho, con la grupa inclinada, posee cascos muy duros y tiene una gran resistencia física, pudiéndose encontrar con facilidad en Suecia. Se trata de uno de los caballos más populares entre los niños.

## HACKNEY

**Historia:**
Esta raza fue creada por Christopher Wilson en Cumbria en 1880, mediante el cruce ocasional con el Galés. El Poni semental campeón procedía de un trotador Yorkshire, hasta llegar al Flying Childers. Su progenie hembra creó Ponis elegantes, aunque se limitó su altura abandonándolos en las montañas durante los inviernos. Desarrollado a partir de estirpes trotonas, mantuvieron el límite de su alzada al pasar los inviernos en los páramos, lo que contribuyó a darles una fuerza constitucional muy grande.

**Características:**
De cuello alto, cruz baja y poderosos hombros, tiene la cabeza característica del Poni, aunque con una

espalda corta, lomos fuertes y un cuerpo compacto. Las patas delanteras son rectas, las traseras atrasadas y las articulaciones grandes que le permiten una gran flexibilidad. Sus espaldas son muy adecuadas para el enganche y muy fuertes, mientras que la cruz es baja y distinta al moderno caballo de montura.

## Peculiaridades:

Tiene una constitución perfecta para elevar las rodillas en el tiro y un pelaje fino y sedoso. Se le puede encontrar frecuentemente en los espectáculos circenses demostrando gran habilidad. La guarnición que llevan en las exhibiciones comprende un cinchuelo al que se abrochan unas riendas fijas y la baticola para ayudarle a sostener la cola en alto.

## HAFLINGER

### Historia:

Procedente del extinto caballo pesado alpino y posteriormente del semental árabe El Bedavi del siglo XXII, se le considera emparentado igualmente con el Konik, el Huçcul y los Ponis Edelweiss, motivo por el cual llevan la marca "H" en su centro. Recibe su nombre del pueblo Hafling en las montañas de Austria, lugar donde se encuentra su centro de cría. Un semental fue importado de Arabia hasta Austria en el siglo XIX y esa herencia le ha proporcionado una inconfundible apariencia.

## Características:

Tiene el cuello bien formado, gran desarrollo muscular, lomos fuertes y una cabeza con ojos grandes y expresión amable. Las orejas son pequeñas y móviles, un cuerpo largo y unos buenos pies. Es dócil, frugal, adaptable, longevo y muy trabajador.
El color de su capa va desde el castaño al palomino. Es característico la crin y la cola de color claro, así como sus espaldas bien formadas que proporcionan una gran amplitud en el paso.

## Peculiaridades:

Es adecuado para trabajar en zonas abruptas y forestales, incluso tirando de trineos o carros. Este tipo de Poni no es apto para el trabajo hasta los 4 años, pero su resistencia se mantiene activa hasta los 40 años. Se encuentra favorecido por el clima de montaña, pues la poca densidad del aire desarrolla mejor sus pulmones. Se trata de una raza dócil, que come muy poco y que es capaz de realizar toda clase de faenas, entre ellas los trabajos agrícolas. Se adapta muy mal al calor.

## HIGHLAND

## Historia:

Se le reconoce como habitante de las zonas del norte de Escocia después del período glacial, aunque también hay pruebas de que procede del Lascaux, Francia, hace 20.000 años. Probablemente un predecesor del Percherón, en el siglo XVI, fue cruzado con razas nativas, aunque algunos criadores escoceses, como los Duques de Atholl, lo hicieron con sangre oriental.

## Características:
De cuello fuerte, cabeza estrecha entre los ojos y el morro, así como con hombros caídos. Tiene una apariencia compacta, profunda y con amplia capacidad torácica, además de calzado grande y sedoso, con buenos cascos. Su capa es atractiva, con extremos negros y raya de mulo, además de tener cabeza fina y afilada, ancha en la frente y corta entre los ojos. Su temperamento es dócil y muy activo.
Entre los colores de su capa podemos encontrar todos los posibles, incluso el pardo.

## Peculiaridades:
Se le emplea en trabajos diversos, como transportador de animales muertos, en excursiones turísticas y en el tiro. Se adaptan bien a parajes inhóspitos y a la carencia parcial de alimentos ya que su escasa superficie corporal hace que pierda muy poco calor por la piel y economice sus reservas energéticas.
Fácil de mantener y cuidar, se le ha utilizado como compañero de la familia, animal para la caza y hasta para tirar de carros llevando cadáveres de animales. Valiente y buen saltador, se le encuentra frecuentemente como animal turístico pues no es muy rápido y se le puede controlar fácilmente.

## HUÇUL

**Historia:**
Este caballo polaco se considera un descendiente del Tarpán, un ejemplar que vivió en Polonia. Aunque se crió junto a otros Ponis en los Cárpatos, se cree que ha tenido alguna influencia oriental reciente, puesto que se le encuentran ciertos detalles de refinamiento. Tanto en los Cárpatos como en el sur de Polonia es utilizado para trabajos agrícolas. Se le conoce igualmente como **Huzul** o **Huzuleno**.

**Características:**
De cuerpo corto pero compacto, tiene también una cabeza de mediano tamaño, hombros con tendencia a ser rectos y una cruz redondeada y plana. Los pies sólidos y firmes, soportan unas buenas patas que han sido mejoradas con una reproducción selectiva. Llega a medir entre 1.20 y 1.30 m y posee las espaldas rectas y los corvejones cerrados.
El color de su capa va desde el pardo a bayo, incluso pío (capa blanca y negra).

**Peculiaridades:**
Muy adecuado para labores de carga en montañas de difícil acceso, aunque también se comporta adecuadamente en trabajos agrícolas más delicados siendo muy dócil e inteligente. Es especialmente hábil para llevar grandes cargas por senderos de montaña cubiertos de nieve o hielo, incluso enganchados, por lo que se emplean como animal imprescindible en zonas con esas características.

## ISLA DE SABLE

### Historia:
Recibe su nombre de la isla de Sable de Nueva Escocia, en Canadá donde vivió de forma semisalvaje durante 400 años. Tiene influencias del normando francés llevado a la isla en 1.739. Esta isla es un banco de arena próximo a las costas de Nueva Escocia y en ella no hay árboles ni pastos abundantes. Allí se encuentran aún unos trescientos Ponis que viven en estado salvaje y que son los descendientes de aquellos procedentes de Nueva Inglaterra del siglo XVIII.

### Características:
De cabeza grande y cruz poco prominente, tiene un cuerpo estrecho y con poco desarrollo muscular, lo que no le hace ser un Poni débil pues, al contrario, es muy resistente. A esta raza, casi en extinción, se le considera ahora como algo único y pudieran ser los últimos equinos salvajes junto a los Cincoteague.
Llega a tener una altura entre el 1,40 y 1,50 m y aunque algo achaparrado puede considerarse bello.

### Peculiaridades:
De cómodo manejo, resulta fácil adiestrarles cuando son jóvenes. Son más resistentes de lo que en principio aparentan si miramos la debilidad de sus ancas. Sus características y genética les permiten vivir en condiciones penosas, soportando perfectamente

rigurosos inviernos. Frecuentemente son empleados como animales de silla y tiro.

## KONIK

### Historia:
Denominado como caballo pequeño, se trata de una raza indirecta del Tarpán que ha ido mejorando gracias a cruces con sangre oriental. Residente en Polonia desde hace cientos de años, se le considera oficialmente como una raza base que se ha mantenido uniforme durante muchos años.

Su nombre significa "caballo pequeño" ya que sus características se acercan más a un caballo que a un Poni.

### Características:
De cuello corto y fuerte, hombros rectos, espalda ancha y un cuerpo fuerte y profundo, se complementa con patas fuertes y ancas muy musculadas. El cuerpo es fuerte, ancho de dorso y muy profundo en la cincha. La cabeza mantiene una buena proporción con el resto, mostrando unas espaldas muy rectas y cruz baja, lo más adecuado para el enganche.

Los colores que más se dan en su capa son el pardo, el negro y el alazán.

### Peculiaridades:
Puede trabajar muy duro con poca comida, especialmente en labores agrícolas y de transporte. Es fuerte y robusto como el Tarpán pero de carácter más

tranquilo y de más fácil manejo. Con sangre oriental introducida por los turcos, posee un aspecto muy refinado, y los diferentes cruces hacen que sea mucho más fuerte que antes. Se trata de un caballo independiente, vivaz, apacible y voluntarioso.

## LANDÉS

### Historia:
Original del sur de Burdeos, justo en la región de Landas, se le considera un descendiente del Tarpán, aunque después de la Segunda Guerra Mundial se le cruzó con sementales árabes y galeses. Se le introdujo gran cantidad de sangre árabe a finales del siglo XIX y posteriormente en 1913, lo que ocasionó su casi total extinción sobreviviendo solamente 150 animales.

### Características:
De hombros rectos, dorso largo y cuello corto, parece débil de ancas aunque sus fuertes extremidades le dan capacidad para los trabajos rudos. Su aspecto actual está muy mejorado y posee una cruz prominente, así como una espesa y áspera cola que presenta una inserción alta en la grupa. Tiene una bonita cabeza que delata su origen árabe.
Dócil e inteligente, es un animal refinado y educado en su andar.

### Peculiaridades:
Es uno de los Ponis mejor aceptados por los niños y se le ha adaptado igualmente como Poni francés y

británico de silla. Con la formación de clubes de Ponis se estimuló su cría y la nueva raza está ganando un gran prestigio. Posee una natural elegancia en su paso y gran agilidad para andar por terrenos abruptos.
Resistente al frío y al calor, soporta igualmente una alimentación prolongada pobre sin acusarlo en su aspecto externo.

## NEW FOREST

### Historia:
Su procedencia habitual en New Forest le ha proporcionado unas mezclas intensas, especialmente desde que en el siglo XI se le empleó para las carreras. Esta fama perduró incluso hasta que la Reina Victoria lo convirtió en uno de los mejores caballos de carreras. Aunque la cría selectiva de este caballo es antigua, degeneró mucho hasta el siglo XIX a causa de los sucesivos cruces que se hicieron, la mayoría con la intención de mejorarlo.

### Características:
De aspecto inteligente, cresta redondeada y hombros largos caídos, es un animal especialmente apto para montar. Posee pies firmes adecuados para terrenos ásperos, unas buenas espaldas, extremidades bien formadas y unas patas traseras con gran habilidad en el galope. Los cuartos traseros y los posteriores son simétricos, terminando en una cola de inserción alta.
Amistoso y muy manejable, todavía es posible encontrar ejemplares dedicados al pastoreo

**Peculiaridades:**

Está dotado de unos hombros excepcionales para la monta, especialmente para el medio galope. No obstante, posee una gran versatilidad para cualquier tipo de trabajo. Es frecuente encontrar aún Ponis de este tipo en su hábitat natural, en el bosque de New Forest, al sudoeste de Hampshire, aunque la progresiva destrucción del pasto le está obligando a replegarse a causa de la poca cantidad y calidad de su alimento preferido.

De paso seguro, aire altivo, suavidad en el galope y sin miedo alguno para andar por el tráfico, es un animal que gusta de aceptar comida de los extraños.


## PONI AUSTRALIANO

**Historia:**

Este Poni es el resultado del cruce entre diversas razas y tipos como son: Gales A, Shetland, Pura sangre y el Hackney, siendo en 1920 cuando se estableció como Poni con tipo distintivo. Más tarde, en 1929 se creó en Australia la Asociación del libro de registro del Poni, la cual se encarga de supervisar esta raza. La evolución de este Poni tiene su origen en algunas islas cercanas a Indonesia, en donde se mezclaron con ejemplares mongoles, asiáticos y tarpanes.

**Características:**

Sus ojos grandes y espaciados, y un hocico esbelto y afilado dan a su cara un perfil casi cóncavo. Su grupa es amplia y bien formada, y con un cuello curvo que da una total redondez a la unión de su cabeza con los hombros. La línea superior es fluida, con una buena cruz, siendo el dorso y tronco característicos del buen Poni de montura. Dotado igualmente de unas buenas espaldas, este Poni posee un aire rítmico y suave al andar.

**Peculiaridades:**
A pesar de todas las influencias que contribuyeron a esta raza, es el Poni Galés el que más se refleja en su perfil. La esbeltez y el refinamiento de su cabeza le marcan como un auténtico Poni. Se caracteriza por su buen temperamento más similar a los Ponis británicos que a los Ponis de monta. De buena osamenta, cañas cortas y estupendos cascos, su aire mezcla de árabe y Pura sangre le dan un aspecto estupendo, constituyendo una montura muy suave para los niños.


## PONI DE LOS FIORDOS

**Historia:**
Fue traído por los vikingos en barco hasta Islandia y otras islas escocesas, desde donde se extendió a Noruega, Alemania, Dinamarca y países de Europa central. También conocido como **Westland**, se trata de un animal indígena noruego ahora bastante refinado, ligado al caballo salvaje asiático y que consiguió ser criado puro durante casi 800 años. Anteriormente fue empleado por los vikingos para las peleas entre caballos.

## Características:

Con fuertes y rectos hombros, orejas pequeñas y puntiagudas, tiene una quijada algo gruesa, extremidades cortas y rectas apoyadas en rodillas lisas y cola gruesa y frondosa de color plateado. Infatigable, sociable, amable y autosuficiente, sus crines rectas le dan un aspecto característico, con un declive que alcanza los 11 cm en su zona central.

El color de su capa es pardo, siendo mucho más clara la zona que va de la crin a la cola.

## Peculiaridades:

Se emplea habitualmente para sustituir al tractor en las labores de arado, así como para llevar grandes pesos por zonas de montaña. Se trata de una primitiva raza de Poni a quien le gusta la compañía de los humanos y posee una gran dosis de encanto en su apariencia y carácter. Es bastante indiferente al frío, come poco y sus cualidades hace que se adapte perfectamente tanto para silla, carga o tiro.

## PONI DE LAS MONTAÑAS DE GALES (Sección A)

## Historia:

Aunque se le considera nativo de 1894, su origen procede de antes de la invasión romana de Gran Bretaña durante la cual poblaron las montañas de Gales. Se registró oficialmente en 1902. Su crianza se remonta a Julio Cesar, el cual sabemos fundó unas cuadras junto al lago Bala. Posteriormente fue considerado un caballo salvaje de las montañas de Gales, apareándose con los animales nativos y dando lugar a la raza actual.

**Características:**
Animal bello, sólido y robusto, posee propiedades originadas por la mezcla de las razas de las cuales ha evolucionado. Su cabeza revela la influencia oriental y posee una gran profundidad en toda la cincha, así como una sólida constitución. Tiene orificios nasales muy abiertos y rostro algo cóncavos, ojos insolentes y orejas puntiagudas, todo ello sostenido por un cuello bien implantado y grácil.
Refinado en sus andares y de apariencia distinguida, resultado de una cuidada selección, posee una inteligencia nata y una gran resistencia.

**Peculiaridades:**
Es muy veloz y vigoroso, de movimientos rápidos y sueltos en la andadura, con los corvejones bien flexionados y con una línea del cuerpo muy baja que le proporciona gran potencia en sus puntos de apoyo. De montura excelente, lo mismo que enganchado, se le exporta a todo el mundo por su buena osamenta, robustez y salud.
Amable, bravo, apasionado, aunque algo nervioso, se le considera un caballo muy inteligente y con su porte aristocrático es una de las razas más apreciadas tanto en Europa como en América del Norte.

# PONI DE LAS MONTAÑAS ROCOSAS

**Historia:**
Con grandes influencias de los caballos españoles importados a América, fue registrado como raza en 1986, pero desde entonces ha habido muchas evoluciones entorno a este atractivo y elegante animal.
Debe su buen desarrollo al semental Old Tobe, preferido de los jinetes del parque natural de Bridge State por su paso uniforme, firme y lateral.

**Características:**
De largas orejas, sobre una bonita cabeza, un cuello largo y gracioso que le aportan un buen equilibrio, posee un dorso bien formado hasta la grupa, con cruz baja sobre un cuerpo redondeado y bien proporcionado. Sus pies son duros y fuertes.
El color de su capa más apreciado es el chocolate destacando, además, el rubio brillante de su crin y su espesa cola.

**Peculiaridades:**
De él descienden un grupo destacado de caballos que heredaron su buena conformación, así como su temperamento.
Hay que destacar en él un inusual paso, ya que camina por tierra tosca a 11km/h, pudiendo alcanzar los 25 km./h cuando el terreno es llano y uniforme.

## PONI GALÉS (Sección B)

### Historia:
Resultado del cruce entre los Cobs galeses y los Ponis de las montañas, su origen parece estar centrado en 1924. También se le atribuyen orígenes de algunos sementales árabes. Ocupa la sección A del Welsh Poni and Cob Stud Book, siendo la base fundadora de los otros tres tipos, derivándose del ganado prehistórico original británico.

A estos caballos también se les denomina **Merlines**, por la influencia que al parecer tuvieron de un Pura sangre inglés llamado Merlín.

### Características:
Posee buena profundidad de cincha, con mayor envergadura y altura que el Poni de las montañas de Gales. En su capa podemos encontrar todas las variedades menos el blanco y negro (pinto). En sus ojos y perfil se le notan su influencia árabe, mostrando unas espaldas largas e inclinadas que le dotan de un aire extraordinario. Posee antebrazos musculosos, rodillas bien desarrolladas, cañas cortas y buenos cascos.

### Peculiaridades:
Elegante y de gran calidad se adapta muy bien a cualquier tipo de trabajo, especialmente a las disciplinas competitivas en las cuales predomina el salto. Tiene cualidades similares al Poni de montura británico, aunque es algo más versátil y tiene un talento natural para ser enganchado. Se le puede

cruzar sin problemas para lograr animales mayores, los cuales adquirirán, sin duda alguna, su salud excepcional.

De sentimientos bondadosos, se le considera un Poni muy apropiado para ser montado por niños, siendo también utilizado como compañero de espectáculos.


## PONI GALÉS DE TIPO COB (Sección C)

### Historia:

Descendientes del Poni de las montañas, han sido denominados anteriormente como Ponis de granja por su trabajo en las montañas de Gales, aunque también han efectuado labores en las minas de pizarra. Se crían desde Abglesey en el norte hasta Gower en el sur, aunque ahora hay una mayor preponderancia a criarles en Dyfed. Los Cob de esta sección son frecuentemente el resultado de algún cruce de la sección D con un galés de montaña.

### Características:

De aspecto compacto posee gran fuerza, piernas fuertes y pies armados de casco duro. Su cuello es grueso, arqueado, soportando una cabeza llamativa similar a la de otros Ponis. De hombros largos y cruz baja es un animal pesado y constitucionalmente muy sólido. Profundo de cincha y con fuertes y robustos riñones, tiene unas extremidades bastante cortas aunque musculosas.

**Peculiaridades:**
Muy valientes, estupendos saltadores, se muestran especialmente hábiles para la caza, aunque antiguamente se empleaban preferentemente en las granjas y para enganches. Posteriormente se les encontró una gran utilidad para trabajar con el ejército en la caballería montada. Se ha manifestado también muy apto para las carreras al trote, siendo una de sus especialidades la carrera de 56 kilómetros cuesta arriba.

Orgulloso y poderoso, se adapta muy bien a la vida al aire libre, incluso en climas extremos. Es manejable, económico de mantener y adaptable a ser llevado por niños y adultos de poco peso.

## PONI ISLANDÉS

**Historia:**
Llevados a Islandia en barcos vikingos entre los años 860 y 935 d. C. ha sido siempre una de las razas con las cuales se ha practicado una reproducción selectiva desde hace más de 1.000 años. Considerado más un caballo que un Poni puede presumir sin problemas de una gran pureza de sangre, especialmente desde la exposición ganadera de 1879. Aunque se intentó introducir sangre oriental fue un fracaso y condujo a una degeneración del ganado hasta el año 930.

**Características:**
Aunque de constitución relativamente pequeña, posee gran poder que le permite llevar cargas pesadas a gran

velocidad. Tiene una cabeza proporcionada, aunque algo pesada y la quijada gruesa. Posee un potente antebrazo y unas cañas anormalmente cortas. Su carácter es dócil, amigable, independiente y con un buen sentido de la orientación. Responde muy bien a la voz amable.

**Peculiaridades:**
Se emplean en toda clase de trabajos, tanto deportivos como de labranza, aunque también es fuente de carne. Se adapta muy bien al paso ligero denominado Tölt. Algunos expertos aseguran que tiene alguna conexión con el Yakut. Comparten con el Tarpán la evidencia de su raíz asiática y contribuirían más tarde a la formación del caballo español. Se trata de una de las razas más resistentes y con un alcance visual inusual entre los caballos.

## POTTOCK

**Historia:**
Este caballo aún semisalvaje, descendiente del Tarpán, se le reconoce como habitante de las regiones montañosas vascas. Nativo de Francia, concretamente de las provincias montañosas de Labourd, Basse-Navarre y Soule, en la frontera con España,  se conocen tres tipos modernos: estándar, doble Pottocka y el pinto. Los antecedentes de la raza están más próximos a los caballos primitivos que los del landés, además de haberse cruzado con sementales árabes y galeses sección B.

**Características:**
Dorso recto y hombros sobrecargados, de grupa inclinada y cola de inserción alta. Sus extremidades son delgadas, con poca osamenta, aunque tiene pies sólidos y fuertes. El cuerpo es largo en el dorso, con espalda recta, mientras que el perfil de la cabeza posee una pequeña concavidad entre sus ojos. Los cascos redondos están bien formados y son muy duros.

**Peculiaridades:**
Al igual que ocurre con los tres tipos reconocidos, Estándar, Pinto y Pottock doble, posee algunas características físicas defectuosas y han fracasado los intentos por mejorar la raza cruzándolo con sangre galesa y árabe. En el País Vasco ha sido empleado como animal idóneo para el contrabando a través de las montañas, pues camina muy estable por senderos pequeños, abruptos y empinados.
Ingenioso y adaptable. Actualmente ha ganado mucho respeto y se le emplea por su carácter dulce como montura para niños y para tirar de carros pequeños.


**SHETLAND**

**Historia:**
Criado habitualmente en el nordeste de Escocia, en las islas Shetland, se cree que está emparentado con el Tundra y que llegó a Escandinavia hace 10.000 años. Después se le encuentra en Eli Elliot, América, en

donde se le utilizó para el trabajo en las minas de carbón, lo que ha producido una deformación del caballo original. En el siglo II y III d. C. tuvo alguna influencia oriental a través de los Ponis de los celtas.

**Características:**
De orejas pequeñas, cavidad nasal larga y un pelo y cola que le protegen de las bajas temperaturas, tiene extremidades cortas y fuertes, terminadas por pezuñas fuertes de casco azul. Sus articulaciones están igualmente definidas, y su hocico es en ocasiones cuadrado. Posee una elevación de rodillas y corvejones peculiar. En proporción a su tamaño se puede considerar como el más fuerte de todas las razas y es capaz de arrastrar un peso equivalente a dos veces el suyo.

**Peculiaridades:**
Es uno de los Ponis más fuertes del mundo, y es capaz de trabajar llevando cargas pesadas en granjas y tierra escabrosa. Sobrevive muchos años incluso en circunstancias rudas. La crin, igual que la cola, es muy espesa y le sirve para protegerse del clima.
Adecuado para circo y labores de entretenimiento infantil. Aunque de pequeño tamaño, posee mucha fuerza y por ello es frecuente verle enganchado a carruajes en lugares turísticos, parques y grandes mansiones.

## PINDOS

### Historia:
Procede de la antigua Grecia, de las montañas de Tesalia y Epiros. Aunque se le reconoce la influencia de otras razas del Peloponeso, Arcade y Epidauria, la creencia que toma mayor probabilidad es que desciende de Tesalia. Durante siglos éste ha sido el hábitat de estos caballos y fue mencionado por el poeta Opiano como un caballo de gran belleza, valor y resistencia.

### Características:
Con un dorso muy fuerte si lo comparamos con la grupa, y hombros poco verticales, posee una cabeza más larga de lo habitual y con una clara falta de calidad. Los pies muy duros, soportan unas cañas largas pero de osamenta pobre. El tronco es estrecho y con poca musculatura en el cuello, pero la cruz es pronunciada. Tiene los cascos negros y los colores más característicos de su capa son el bayo, negro y tostado.

### Peculiaridades:
Por la firmeza de sus pies ha sido utilizado como animal de carga en labores de agricultura y silvicultura. Su fortaleza le hace resistir muchas horas de trabajo con el mínimo alimento. Se caracteriza por su terquedad, sin dejar de mencionar su nervio y vigor. Habitualmente empleado para la monta y los trabajos agrícolas ligeros, se trata de un animal

esbelto cuyas hembras se emplean frecuentemente para dar mulas.

## SHETLAND AMERICANO

### Historia:
Las primeras noticias del Poni de las islas de Shetland datan de1885, aunque fue en 1888 cuando se formó el primer club americano de este Poni. Más tarde, del cruce del Poni Shetland con el Hachney, surgió el Shetland americano, dando origen a unos nuevos descendientes con los cruces entre Arabes y Puras sangres.

Aunque todos estos no tienen las características de su antecesor el Shetland puro, sí mantienen su robustez y versatilidad.

### Características:
Con un perfil más similar al Hachney, inteligente y afable, posee unas proporciones más estrechas y alargadas que el Shetland. Sus orejas más bien largas sobresalen sobre una cabeza también larga y de perfil recto. Sus lomos, fuertes y amplios, terminan en una cola que al igual que su crin es de un pelo largo y grueso. Sus extremidades son largas y delgadas, y tiene un esqueleto también largo y estrecho con relación al conjunto del animal.

### Peculiaridades:
Se le ha utilizado principalmente como Poni de espectáculos públicos. Siendo el Poni más popular de

Norteamérica, se le considera una raza inventada que poco tiene que ver con el Shetland de las islas. También se le utiliza en las carreras con calesas y en los concursos hípicos. Su versatilidad es tan grande que se le puede ver enganchado a calesas de cuatro ruedas, compitiendo en las de dos ruedas, o montado a estilo vaquero en cualquier rodeo.

## SORRAIA

### Historia:

Originarios de Portugal se le conocen también influencias del Berberisco del norte de Africa, y del Tarpán. Sus descendientes se encuentran hoy diseminados por España y Portugal, especialmente en los alrededores del río Miño.

Se dice que fue en Europa, concretamente en la Península Ibérica, donde se domesticaron los primeros caballos. Entre sus descendientes se encuentra el Sorraia, el cual sigue manteniendo un gran parecido con su antecesor el Tarpán.

### Características:

De orejas negras e inclinadas de inserción muy alta, posee un cuello corto y poderoso que denota su origen español con una rienda de gran longitud y un cuerpo compacto y muy profundo. Es un caballo muy vigoroso, de espaldas rectas y grupa inclinada.

La cola de inserción baja y normalmente negra, destaca sobre una capa que suele ser de color rucio-zaino.

**Peculiaridades:**
Sumamente capacitado para los trabajos ganaderos y agrícolas fue utilizado por los ganaderos durante mucho tiempo. No se le suele considerar un animal atractivo, pero sí un animal vigoroso, cualidad heredada de sus ancestros salvajes. Es el mejor eslabón entre el caballo de la prehistoria y el actual, aunque también tiene influencias más recientes de razas árabe y portuguesa.

## SKYROS

**Historia:**
Procedente de la isla griega de Skyros en el mar Egeo, se le puede encontrar representado en multitud de estatuas y frisos de la antigua Grecia. Hay quien le considera emparentado con el caballo de Tesalia, aunque posiblemente más relacionado con el Tarpán. Por sus proporciones, se diría que se encuentra más cerca de ser un caballo que un Poni, siendo su pelaje el que nos hace pensar su posible relación con el Tarpán.

**Características:**
De cabeza esbelta y orejas pequeñas y puntiagudas, posee un cuerpo estrecho con hombros verticales, además de una grupa estrecha y caída. Su tronco ha sido muy mejorado con el tiempo y ahora es compacto y con correctas espaldas. Tiene buen carácter, es hábil saltador y posee capacidad para soportar peso.
Los colores que con más frecuencia encontramos en su capa son el bayo y el tostado.

### Peculiaridades:

Su peculiar pelaje con marcas cebrunas le proporciona un sello distintivo, lo mismo que sus pies negros y su grupa de mula. De carácter apacible y muy voluntarioso se adapta bien al trabajo y al salto, por lo que es usado indistintamente para ambas labores. Se trata del Poni griego más pequeño de todos, pues apenas supera el metro de altura, adaptándose por ello al juego con los niños. Sus corvejones son similares a los de las vacas.

### FALABELLA

### Historia:

Del cruce de unos Shetland de pequeño tamaño con unos Puras sangres, también pequeños, surgió el Falabella. Recibió este nombre por ser igual al de la familia que se dedicó a desarrollar esta raza, ocurriendo esto en el rancho Recreo de Roca, a las afueras de Buenos Aires.

Aunque se piensa que su tamaño ha sido creado deliberadamente, también se baraja la idea de que es la consecuencia de un hábitat en condiciones climáticas muy severas, y una gran escasez de alimentos.

### Características:

Con una cabeza pesada y grande en comparación con el resto del cuerpo, posee un cuello que parece estar colocado al revés por su desarrollo en la parte inferior.

Tiene la cruz plana y con tendencia a tener una grupa caída, denotando todo él unos defectos conformacionales. Las extremidades, con poca osamenta, continúan en una caña que puede estar compensada entre la rodilla y el corvejón.

Con una crin y cola de pelo grueso y exuberante muy similar a la del Shetland, tiene unos colores de capa muy atractivos.

**Peculiaridades:**
Considerado como caballo miniatura, es el ejemplar conocido de más pequeñas proporciones. Por su pequeño tamaño pueden usarse en tiro, pero no pueden montarse y este pequeño tamaño es lo que le ha hecho ser criado como animal doméstico. Al oeste de Virginia, en EE.UU. vivió la yegua Sugar Dumpling, uno de los ejemplares más enanos, con sólo 51 cm y 13,6 kg de peso.

# CABALLOS LIGEROS
## (Sangre caliente)

## ALTER-REAL

### Historia:
Fue creado por la realeza de Alentejo en Portugal en 1748, siendo más tarde trasladado a Alter en 1756, de ahí la composición de su nombre. Utilizado para engendrar a las mejores yeguas de Jerez de la Frontera, de él nacieron caballos de tal calidad que fueron utilizados para las exhibiciones de la Royal Manège de Lisboa.

Con la invasión de las tropas de Napoleón en el año 1834 sobre Alter, la raza prácticamente desapareció, al ser destruidas las caballerizas. Fue ya terminando el siglo XIX cuando se intentó restablecer la raza, realizando cruces con caballos ingleses, normandos y árabes, pero los resultados fueron muy diferentes, salvando la especie solamente con los cruces realizados con caballos andaluces.

### Características:
Caballo de gran bravura, posee una cabeza más bien pequeña de perfil recto y un poco convexo con expresión de nobleza. Los hombros son fuertes, su cuerpo corto y compacto con cincha profunda. De cuartillas poco inclinadas, y con una cola y una crin gruesas y exuberantes, tiene patas resistentes y de hueso delgado, asemejándose mucho al Andaluz.

Entre los colores que se dan en su capa podemos encontrar el bayo, alazán tostado y gris.

## Peculiaridades:

Fue utilizado para ser montado por la realeza gracias a su gran bravura y su físico tan distintivo, características de un caballo de alta escuela. La raza tardó mucho en restaurarse y se logró mezclándola con la manada de la familia Zapata.

A pesar de los intentos de la reina María Pía por mantener la raza, quedó casi destruida en época de la república, aunque posteriormente se recuperó y la raza actual es perfecta.

## AKHAL-TEKÉ

### Historia:

Criado alrededor de los oasis del desierto, tiene la resistencia al calor, la piel y el pelaje de los caballos de esta zona, y también se cree tiene influencias del caballo árabe Munaghi utilizado para las competiciones de carreras.

Aunque se le intentó cruzar con los Pura sangre, los resultados no tuvieron éxito, y fueron los turcomanos los que le utilizaron para las carreras, poniendo un gran empeño en su crianza para este fin.

### Características:

De cabeza refinada y un perfil recto, sus orejas perfectamente separadas, ojos grandes y ollares anchos, todo este conjunto le dan una expresión enérgica. El cuello largo, delgado, bien insertado formando casi una vertical con el cuerpo, forma en su unión con la cabeza un perfecto ángulo de 45º. Tiene cincha poco profunda a causa de la longitud de sus patas, delgadas y con articulaciones altas, terminando en unos pies pequeños pero regulares, con cascos de baja inserción.

Su característica más destacada es su marcado color pardo dorado casi metálico.

**Peculiaridades:**
Hay que destacar su gran resistencia en las zonas desérticas, siendo capaz de cruzar desde Ashkabad hasta Moscú, lo que supone una distancia de más de 4.000 Km. en tan sólo 84 días, haciéndolo además, con poco alimento y poca agua. Es famoso ahora por su resistencia a recorrer largas distancias en condiciones climáticas adversas, aunque no es excesivamente veloz. Se emplean, por este motivo, para atravesar los desiertos donde no resulta fácil encontrar agua.


## ANDALUZ

**Historia:**
Descendiente del caballo español es uno de los más importantes dentro de la población equina, ya que junto al Arabe y al Berberisco, han sido las razas de mayor influencia. Fue criado en Jerez de la Frontera, el lugar más famoso de cría en España, también en Córdoba y Sevilla. Su antecesor, el caballo español,

fue uno de los primeros en Europa, participando en la escuela de equitación de Viena, y en general en las escuelas de equitación renacentistas.

Entre los caballos importantes descendientes de él se encuentra el destacado Lizzipiano blanco. Se cree que el caballo español surgió de un cruce del Sorraia, con el Tarpán y los Berberiscos.

## Características:

Con una distinguida cabeza gracias a su perfil convexo, fue uno de los preferidos por los jinetes de las escuelas renacentistas.

De hombros fuertes, cuello un poco corto pero musculoso y bien arqueado, tiene extremidades con buenas articulaciones y gran osamenta, corvejones fuertes, terminando en unos pies duros y bien formados.

Los colores de capa suelen ser el bayo y el gris. Hay que destacar su crin larga, gruesa y casi siempre ondulada.

## Peculiaridades:

Sin llegar a ser un caballo rápido, se le puede considerar ágil y atlético. Su aspecto es noble, y se dice de él que tiene un perfil similar a la cabeza de un halcón. El mayor centro de cría se encuentra en Jerez de la Frontera y allí su presencia es imponente, espectacular y dotado de un estupendo equilibrio natural. Aunque no resulta adecuado para las carreras, es muy ágil, flexible y de gran valor, además de dócil y educado.

## ANGLO-ARABE

**Historia:**
Siendo un descendiente del Arabe combinado con el Pura sangre, en él se da la fuerza del Arabe unida a la envergadura del Pura sangre.

Durante más de 150 años la raza se ha ido perfeccionando en las mejores caballerizas de Francia. Aunque en un principio empezó a existir en Gran Bretaña, saliendo buenos ejemplares de allí, fue Francia desde 1836 el lugar que consiguió la raza con mayor influencia, cruzando dos sementales árabes con tres yeguas Pura sangre.

**Características:**
Con una cabeza larga, y un perfil casi recto que denota la influencia del Pura sangre, tiene el cuello más delgado que el Arabe, los hombros inclinados bien dispuestos para silla, y cruz prominente. Las extremidades son sólidas, uniformes, elegantes y con una longitud que le hace apto para el galope. Su osamenta es densa y de buena calidad.

Entre los colores de su capa se encuentra el bayo y el castaño.

**Peculiaridades:**
Su apariencia es más similar al Pura sangre que al Arabe, aunque la forma de sus patas traseras más adecuadas para el galope, le hacen no ser tan rápido como los Pura sangre. Se trata de un caballo valiente,

inteligente, versátil y manejable, empleándose para probar la bravura de los novillos.

Es de mayor tamaño que el Arabe, y en Francia se dan competiciones a escala internacional para este tipo de caballos en carrera, salto, raids y doma.


## APPALOOSA

### Historia:
Originario del nordeste de Oregón desde el siglo XVIII, surgió de los caballos españoles trasladados a América. Aunque entre los caballos españoles se encontraban algunos de pelaje moteado fueron unos indios norteamericanos  expertos en la crianza de caballos (los Nez Percé), los cuales vivían próximos al río Palouse, del cual recibió su nombre, los que consiguieron una raza con una capa tan peculiar.

En 1877 las tropas americanas ocuparon estas tierras, haciendo que tanto la tribu como los caballos casi desaparecieran. Más tarde, en 1938, volvió a resurgir esta raza, hasta llegar a ser en la actualidad  el tercer registro más grande del mundo.

### Características:
Hay que destacar sus ojos con esclerótica blanca, sobre una cabeza refinada y muy distintiva, la nariz totalmente moteada, y un cuerpo profundo de costillares redondeados y amplios. La influencia del Quarter le ha proporcionado unos traseros fuertes dentro de un perfil compacto. Sus blancas

extremidades, inconfundibles en el Appaloosa, terminan en unos pies duros con rayas verticales.

El color de la capa del Appaloosa es variado, siendo el moteado de tonos blanco, mármol, leopardo, copo de nieve y granizado, los cinco reconocidos.

**Peculiaridades:**
Con la robustez y adaptabilidad heredados del caballo español, es utilizado en la actualidad para la competición de carreras y de salto. La selección llevada a cabo por la tribu india dio como resultado un caballo de notable resistencia, vigor y gran temperamento. En Estados Unidos se emplean como caballo de rancho, de recreo, además de ser adecuado para las carreras, el salto y los rodeos. Es uno de los caballos habituales en las películas.

## ARABE

**Historia:**
Aunque no tenemos datos escritos sobre este hecho, se sabe por la herencia oral trasmitida por los beduinos, que 2000 años a. C. ya existían en la Península Arábiga caballos de raza Arabe. Este gran ejemplar es el origen de todas las demás razas, considerándole además, el fundador de todos los Pura sangre.

Fue dejando su sangre árabe a través de todo el mundo, debido a las conquistas que Mahoma realizó allá por el siglo VII. Probablemente es en EE.UU. donde se encuentra la mayor cantidad de caballos de esta raza, sin embargo existen caballerizas del tipo Arabe diseminadas por todo el mundo.

## Características:

Considerado el caballo más bello, tiene una apariencia totalmente inconfundible. Posee una cabeza única con un perfil muy atractivo, unos ojos que resaltan por su gran tamaño y espaciados, y con un hocico pequeño y afilado. Sus hombros tienen una menor inclinación que otras razas, de cruz nada prominente, con unas costillas redondas, dorso corto, fuerte y algo cóncavo, con buena profundidad en la cincha. Sus rodillas son planas sobre unas cañas cortas, y de pies duros y bien formados.

Tanto la crin como la cola son de pelo sedoso y tremendamente fino.

## Peculiaridades:

Aunque es un animal manso, tienen un gran valor y es muy fogoso, diciéndose de él que no existe otra raza que lo supere en vigor. Su constitución ósea tiene algunas diferencias respecto a las otras razas, ya que todas ellas tienen 18 costillas, 6 huesos lumbares y 18 vértebras caudales, mientras que el Arabe tiene 17 costillas, 5 huesos lumbares y 16 vértebras caudales.

Es un caballo de gran resistencia en silla, aunque también se le elige por su rapidez para recorrer largas distancias. Hoy en día se le utiliza para las competiciones de  carreras entre Arabes y Anglo-Arabes.

## BERBERISCO

### Historia:

Originaria de Marruecos, en el norte de Africa, es después del Arabe la segunda raza fundadora de toda la población equina. Se le considera partícipe en la evolución de los Pura sangre, y su descendiente el caballo español ha influido en muchas de las principales razas europeas y americanas.

Si fuese cierta la teoría que existe sobre el Berberisco, de pertenecer a un grupo de caballos salvajes que escaparon al período glacial, sus raíces se remontarían a un tiempo anterior incluso al caballo Arabe.

Aunque entre sus genes se puede apreciar algún porcentaje de sangre Arabe nada tiene que ver en su conformación con él.

### Características:

Con una cabeza poco común, y un cráneo estrecho, tiene un perfil recto que en ocasiones termina en una nariz romana. Los hombros más bien rectos y en ocasiones desiguales, de cruz casi plana, y una profundidad de cincha que indica resistencia. Las ancas y patas traseras notablemente imperfectas y unas extremidades casi siempre mal formadas, pero sanas y resistentes. Es de carácter sufrido, dócil y valiente, capaz de vivir en soledad y condiciones muy precarias.

**Peculiaridades:**
Siendo un caballo poco atractivo, con una cabeza demasiado sencilla y un cráneo que nos recuerda a los caballos más primitivos es, sin embargo, un ejemplar de gran vigor y resistencia. Hay que destacar en él su gran velocidad, por lo que puede recorrer largas distancias en muy poco espacio de tiempo.
Fue utilizado por los berberiscos como montura en la conquista musulmana.

## BUDENNY

### Historia:
Gracias a un programa de reproducción selectiva que inició la Unión Soviética en 1920, se consiguió el Budenny, un caballo dedicado hoy en día a las carreras. Surgió en la región de Rostov de los cruces realizados con yeguas Chernomor y Don con sementales de Pura sangre. Fue criado para las caballerizas estatales y probado para el ejercicio. Lo podemos encontrar bajo el nombre de **Budyonny**, tomado de Marshal Budyonny, un jefe del ejército ruso que en tiempos de la revolución estimuló su cría.

### Características:
Su constitución es ligera, con una cabeza esbelta y rasgos orientales, con su cuello delgado y recto muy acorde con todo el conjunto de su cuerpo, unido a unos hombros cortos que en ocasiones tienden a ser rectos. Las extremidades de buena calidad, terminan en unos pies de tamaño mediano bastante bien

formados. Hay que resaltar una estructura débil en sus patas traseras. Es un animal inteligente, enérgico y muy calmado.

**Peculiaridades:**
En sus rasgos se aprecian algunos defectos heredados de los originales cruces con manadas autóctonas.
Es un caballo muy resistente y con habilidad en el salto, logrando un récord excelente en sus competiciones con otras razas rusas. Aunque sus extremidades y articulaciones no son su mejor característica, es tremendamente resistente. Empleado ampliamente como caballo militar, se le considera ahora más adecuado para los deportes ecuestres.

## CABALLO AUSTRALIANO

**Historia:**
Es muy reciente la exportación de caballos a Australia, ya que sólo hace 200 años llegaron los primeros desde el sur de Africa, y más tarde fueron ampliando la población equina importando ejemplares desde Europa; casi todos eran Arabes y Puras sangre.
Antes de ser un Caballo Australiano se le denominó Waler por ser la provincia donde comenzó su cría, siendo destinados al trabajo de granjas de vacas y ovejas. Fue utilizado en 1917 y 1918 en la campaña contra los turcos, y durante la Primera Guerra Mundial estuvo considerado como el caballo de caballería más refinado. El actual Caballo Australiano tiene una gran influencia del Percherón, del Poni y el

Quarter, resultando un tipo Anglo-Arabe con notables características del Pura sangre.

**Características:**
Su cabeza con los rasgos de un Pura sangre es muy similar a la del Quarter, de pecho profundo, y con los hombros buenos e inclinados. Tiene un dorso fuerte como corresponde a un buen caballo de silla. Los cuartos traseros son fuertes lo que le confiere una gran agilidad muy característica en esta raza, además de una buena osamenta, con cañas cortas, corvejones fuertes, articulaciones bajas y unos pies muy duros.
Entre los colores de su capa se dan todos los sólidos.

**Peculiaridades:**
Con aspecto de Pura sangre, es soberbio y práctico. Está considerado como un caballo duro, de gran calidad y resistencia, bien preparado para soportar peso. Es inteligente, paciente y juguetón y de movimientos suaves y directos.
Entre los caballos australianos no existen unas características o conformación estándar fijas, no conociéndose fuera de los límites de Australia.

## CABALLO BELGA DE SANGRE CALIENTE

**Historia:**
Con influencias del Gelderlander, el Caballo de silla francés, el Hannoveriano y el Pura sangre, es un caballo desarrollado hace muy poco tiempo para la competición, doma y salto.

Criado en Bélgica desde el año 1950, fue utilizado en principio para la agricultura, pero los cruces realizados posteriormente con los ya mencionados y algunos sementales holandeses de sangre caliente, originaron un tipo de excelentes récords y de gran rendimiento.

**Características:**
Su cabeza es de gran calidad, siempre alerta, con una cruz bien situada, de buena profundidad, un cuerpo compacto, de cavidad torácica amplia y el dorso con un tamaño idóneo.
Dada la finalidad de estos caballos dedicados a las competiciones, se pone especial empeño en la corrección de sus extremidades y la solidez de los pies.

**Peculiaridades:**
La contribución de tantas razas ha dado como resultado un tipo de caballos poderosos, de gran agilidad y un gran temperamento.
En la actualidad se ha incrementado la crianza de esta raza dada la gran demanda que existe de ellos.

## CABALLO DANÉS DE SANGRE CALIENTE

**Historia:**
Aunque no fue registrado hasta 1960, ya en el siglo XIV, concretamente en Dinamarca, una de las ciudades con más tradición antigua, surgió esta raza de los cruces de un hato español con las mejores

yeguas del norte de Alemania. De estos primeros cruces resultó el Fredeeriksborg danés que a la vez fue cruzado con Puras sangres que dieron origen al Danés de sangre caliente.

**Características:**
Con un perfil de pura sangre, de gran belleza y bien proporcionado, tiene una cabeza de gran clase, una expresión inteligente, enérgica y amable y una quijada poco carnosa. La longitud de rienda mucho más grande que la línea dorsal del cuello. Sus hombros bien inclinados, con extremidades de antebrazos largos, rodillas grandes y planas, terminan en un pie con una perfecta inclinación de la cuartilla.

**Peculiaridades:**
Con una calidad superior que muchas razas europeas, ha sido seleccionado como caballo de competición. La influencia de los Pura sangre le han hecho tener fuerza y buenas extremidades, siendo brillante como caballo de doma.
También hay que destacar su habilidad para el galope, sobre todo a campo traviesa.

## CABALLO DE SILLA AMERICANO

**Historia:**
Descendiente del Narragansett Pacer, fue en un principio destinado al trabajo en las plantaciones de Rhode Island, pero las influencias del Pura sangre, el Norfolk Roadster y el Español, hicieron de él un

caballo refinado y de apariencia llamativa que en la actualidad se utiliza para silla y tiro. Su mayor evolución fue durante el siglo XIX alrededor de Kentucky y se empleó en un principio como animal de carga, para arar y para largas travesías en terrenos abruptos, aunque había quien lo reservaba como elegante y bello caballo de enganche para ir a misa.

## Características:

Su cabeza es de gran calidad, con unos ojos separados, orejas afiladas y atractivas y un hocico pequeño con ollares amplios y abiertos. Continúa con un cuello de inserción elevada en los hombros que contribuye a su porte elevado. Su cavidad torácica es amplia, como corresponde al cuerpo típico de un caballo con perfil elegante. Con la grupa llana y la cola de inserción alta.

Sus extremidades ligeras y elegantes, con cuartillas inclinadas, lo que contribuye a un paseo cómodo y ligero, terminan en unos pies recubiertos, sobre todo por delante, y calzado con cascos muy pesados.

## Peculiaridades:

Se le denomina caballo de tres andaduras por realizar el paso, trote, y medio galope con una corrección elevada. Es también utilizado para paseo y como guía. Aunque no difiere mucho del Hackney británico, tiene la cruz mejor cortada y el cuello es arqueado, largo y elegante, además de tener una cabeza más refinada. Posee una gran capacidad de elevación, legado de antiguos ambladores, así como velocidad, coraje y belleza.

## CABALLO DE SILLA FRANCÉS

**Historia:**
Con influencias del Normando del cual tomó su tamaño y constitución, del Arabe del que tomó su refinamiento y solidez, y del Pura sangre del que tomó su velocidad e inteligencia, fue desarrollado durante el siglo XIX por criadores normandos. Estos cruces dieron lugar al Trotón francés, y al actual Caballo de Silla Francés. Su impulsor fue Guillermo el Conquistador, quien lo llevó a Inglaterra como animal de combate.

**Características:**
Con una constitución y tamaño muy similar al Normando, tiene unas fuertes extremidades, y hay que destacar su gran longitud de caña, que nunca es inferior a los 20 cm. Aunque pertenezcan a la misma raza, no hay que confundirlo con el Anglo-normando o el Normando, y la confusión nace porque su evolución ha sido en el mismo tiempo. Es valiente, de buen temperamento y muy calmado, de capa castaña o alazán, aunque no son infrecuentes otras tonalidades.

**Peculiaridades:**
Utilizado sobre todo como caballo de silla, tiene gran destreza para ser utilizado en salto y competir en carreras a campo traviesa. Es, por tanto, un caballo sólido para la monta, con un cuello prolongado y

fuerte, hombros poderosos y en declive, lomo largo, cuartos traseros musculosos y patas largas.

## CABALLO HOLANDES DE SANGRE CALIENTE

**Historia:**
Es el resultado de la mezcla realizada con el Gelderlander del que tomó su tamaño, fuerza y vistosidad; del Groningen del que tomó sus potentes cuartos traseros; y del Pura sangre del que tomó una mejor conformación y su bravura. Esta amalgama cruzada más tarde con franceses y alemanes de sangre caliente dieron origen a un buen caballo de competición. De hecho es uno de los caballos mejor logrados en este campo.

**Características:**
Con una cabeza que nos recuerda a los Pura sangre, pero con una expresión más tranquila que ellos. Destaca su parte frontal con fuertes hombros, heredados del Gelderlander, un cuerpo compacto, con unas buenas extremidades caracterizadas por su buena osamenta. Los colores son bayo, marrón y alazán.

**Peculiaridades:**
Es un buen saltador y destaca como caballo de doma, hay que mencionar en este campo al famoso Dutch Courage, criado por el británico olímpico Jennie Loriston-Clarke. Se trata, pues, de uno de los caballos de más éxito, populares y buscados en competición.

Su carácter es servicial, tranquilo, inteligente y fogoso, mostrándose muy hábil en la conducción de carros y la monta en general.

## CABALLO SUECO DE SANGRE CALIENTE

### Historia:
Es el resultado de los cruces realizados de forma muy cuidada entre los sementales españoles, orientales y Frisios . Aunque en la actualidad se le emplea para las competiciones de salto y doma, antiguamente fue criado como animal de gran calidad en la caballería. Su gran calidad y su buen control de cría en las caballerías de Stromsholm y de Flyinnnge hace que sea un animal solicitado por todo el mundo.

### Características:
De cabeza muy atractiva, y con una expresión que manifiesta su sensatez, está colocada sobre unos hombros fuertes que le permiten una gran movilidad. Tiene un cuerpo compacto con suficiente profundidad de cincha y amplia capacidad torácica. Sus extremidades cortas pero fuertes, con buenas articulaciones y unos pies muy sólidos.

### Peculiaridades:
Con un tamaño tan grande que impone su presencia, tiene sin embargo un carácter muy sensato, lo que le hace ser un animal de fácil doma. Sensible e inteligente es un animal apto para la monta, conducción y competición, siendo uno de los caballos

de más éxito por la facilidad para controlarlo. Desarrollado muy bien como montura de caballería, existe una gran demanda de estos ejemplares para torneos y fiestas de exhibición en las cuales la obediencia debe ser la cualidad imprescindible.

## COB GALÉS

Historia:
Su origen se remonta a los siglos XI y XII cuando los Ponis de las montañas de Gales se cruzaron con caballos romanos importados y más tarde con caballos españoles. Su resultado fue el Galés de carro. Durante los siglos XVIII y XIX éste fue cruzado con el Norfolk Roadster, del cual tomó su habilidad para el trote, con el Yorkshire Coach y con otros de sangre árabe dando origen al actual Cob Galés.

### Características:
Tiene una cabeza refinada, con orejas pequeñas heredadas del Poni; su cuello fuerte y arqueado se une a unos potentes hombros. Tiene un cuerpo fuerte y compacto, con buena profundidad de cincha, y amplia cavidad torácica, que continúa en unos potentes cuartos traseros. Posee una extraordinaria flexión de corvejones lo que le dota para un comportamiento brillante en el trote. Sus ojos insolentes, más las orejas pequeñas y puntiagudas, le dan un aspecto extraordinario.

**Peculiaridades:**
Aunque tiene un tamaño superior al Poni, ha heredado de éste su carácter. Es de destacar su bravura y vigor cuando es utilizado como caballo de tiro; es enérgico y con gran destreza para el salto. También es utilizado como caballo de silla, donde demuestra gran energía. Tiene un temperamento único y se comporta con inteligencia, energía y valor.

## CRIOLLO

**Historia:**
Durante el siglo XVI fueron trasladados caballos españoles de sangre berberisca a Sudamérica, dando origen a los primeros Criollos. Es un caballo autóctono de Argentina, pero se encuentra extendido por toda Sudamérica denominado con otros nombres.
En 1535 Don Pedro de Mendoza, fundador de Buenos Aires, realizó las primeras importaciones, pero el saqueo realizado por los indios a la ciudad permitió que estos caballos anduvieran salvajes y criaran libremente.

**Características:**
Con una cabeza de tamaño medio, y en ocasiones un perfil convexo marcado por su origen español, posee un cuerpo corto y profundo, pero de amplia cavidad torácica. Es vivaz, paciente y voluntarioso, lo mismo que robusto, fuerte y hermoso. De pecho amplio, lomo corto y costillares bien formados, posee unas cortas

patas de buena osamenta. Hay que destacar su extremada longevidad.

Entre los colores de su capa predomina el color zaino.

**Peculiaridades:**

Es utilizado como caballo de silla para el gaucho, y realizó un papel importante en el desarrollo del Poni argentino de polo. En América del Sur es donde se producen las mejores razas de caballos, entre ellas este pequeño Criollo. Las pruebas de resistencia incluye hacerles recorrer 870 km en 15 días, cargados con 110 kilos y sin comida ni bebida. Esta gran capacidad de resistencia es heredada del caballo español, siendo capaz de soportar climas extremos, con poca comida.

## DOLE GUDBRANDSDAL

**Historia:**

Con gran parecido al Poni Dalés británico y al Fell, constituye casi la mitad de la población equina en Noruega. Fue criado en el valle central de Gudbrandsdal para carga y agricultura, aunque más tarde los cruces con el Trotón Dole, el Odín y el Pura sangre, dieron origen a un tipo más ligero utilizado para las carreras de trotones. Fue en 1962, cuando se creó el primer centro oficial para la cría de estos sementales.

**Características:**

Al ver su tamaño, no podríamos pensar en todo lo robusto y poderoso que es. Con cuello largo, y un dorso también largo tiene una buena profundidad en toda la cincha. Tiene ancas musculosas y unos corvejones grandes y poderosos, todo ello soportado en unas extremidades poco calzadas, gruesas, fuertes y cortas. Las cañas son cortas y fuertes, con una medida de hueso suficiente y las rodillas planas y grandes.

En su capa se dan los colores del negro y castaño oscuro.

**Peculiaridades:**

Hay que destacar su velocidad en el trote, aunque los primeros ejemplares eran mucho más pesados, siendo utilizados para tiro ligero y para las labores de carga y agricultura. Las pruebas de rendimiento a que están sometidos los sementales del centro oficial de cría son, correr 1.000 m en tan sólo tres minutos. Necesita una buena calidad en los pastos para un crecimiento y desarrollo correcto y actualmente se suele criar un tipo de Dole más ligero.

## DON

**Historia:**

Tiene influencias del Karabakh, el cual contribuyó mejorando su velocidad y agilidad; del Akhal-Teké, del que tomó el vigor, resistencia y habilidad; el Pura sangre que mejoró su tamaño y conformación; y del Arabe el cual le dio una mayor calidad y buen temperamento. Fue utilizado para mejorar la calidad del Budenny. Después de los cruces realizados durante el siglo XIX pocos cambios se han realizado en esta raza. Este caballo cosaco fue utilizado por Napoleón durante su larga retirada de Moscú en el invierno de 1812.

**Características:**
Es un tipo con algunas deficiencias en su conformación, pues entre sus orejas hay un espacio corto y estrecho; hombros rectos y cortos, lo que le limita la longitud del paso; de grupa redondeada, con los cuartos traseros casi inclinados y con una apariencia débil, aunque en realidad no lo sean. Sus patas delanteras están bien musculadas, pero la mayoría de ellos son cerrados de corvejones y tienen las rodillas vacunas, con las cuartillas rectas.
Entre sus capas se dan los colores castaño y alazán tostado.

**Peculiaridades:**
En la actualidad se le utiliza para carreras de larga distancia, pero siempre ha estado relacionado con la caballería cosaca. Aunque de poco atractivo físico, es un tipo muy adaptable y de buen carácter capaz de soportar la extrema climatología de la estepa, siendo uno de los pocos ejemplares capaz de ser eficaces en situaciones de gran dureza. Es enérgico, consistente y calmado.

# FINES

## Historia:
De esta raza, a lo largo de la historia encontramos dos tipos muy diferenciados, el Finés de tiro y el Finés universal. El primero mucho más robusto, pesado y poderoso, utilizado en la agricultura y en la industria forestal. El segundo mucho más ligero, usado para montar, transporte ligero, y con una participación importante en las carreras de trotones.

Parece que es un descendiente de los caballos pesados y ligeros de Europa, a la vez cruzados con otras razas de sangre fría y caliente.

## Características:
Su cabeza, aunque no muy bella, denota la raza a la que pertenece. Tiene un perfil muy similar al trotón, con un dorso recto y hombros fuertes y capacitados más para el tiro que para la silla. Unas ancas inclinadas desde la grupa, extremidades perfectas y unas patas bien formadas poco calzadas. El cuerpo es largo, característico de las razas de trotones y ahora se ha convertido en un caballo versátil por su potencia de tiro, rapidez y agilidad, con una gran longevidad y buen temperamento.

## Peculiaridades:
Los cruces realizados en sus antepasados dieron origen a un caballo de esqueleto pequeño, pero con una combinación de velocidad y agilidad, con la fortaleza de un caballo pesado.

Como características de los trotones se encuentran sus ancas inclinadas y una constitución de calidad, todo en un animal longevo, resistente y vigoroso. Se puede encontrar en los bosques de Finlandia y el principal estímulo para la cría es la gran popularidad que gozan para las carreras al trote enganchado.

## FREDERIKSBORG

### Historia:
Debe su nombre al rey Frederik II quien en 1562 fundó una caballeriza de la cual resultó el Frederiksborg, un caballo de gran calidad. Tiene influencias del caballo español emparentado con el napolitano, estos a la vez cruzados en el siglo XIX con sementales orientales y mestizos ingleses, resultando un ejemplar enérgico y vigoroso. Fue importante su paso por Dinamarca en el siglo XVI como elegante caballo de silla y corceles militares.

### Características:
Con una expresión de inteligencia y una cabeza sencilla pero de un aire muy vistoso, de cuello corto y erguido muy característico de los caballos de carruajes, tiene una frente corta y hombros verticales. Un cuerpo relativamente largo, cruz plana, articulaciones aceptables y pies fuertes y bien formados. Sus extremidades son de buen tamaño y proporcionadas con las articulaciones.
El color de su capa prácticamente siempre es castaño.

**Peculiaridades:**

Fue utilizado como caballo de silla, aunque su buena calidad le hizo ser elegido para mejorar otros grupos como el Jutlandés. Elegante y fogoso, se mueve con un aire de gran vigor que contribuye a ensalzar la figura del jinete. Las masivas exportaciones que se hicieron de esta raza hizo que las caballerizas quedaran en poco tiempo gravemente diezmadas, y aunque durante algún tiempo se crió de forma particular es muy probable que la raza original casi desapareciera.

## FRISIO

**Historia:**

Criado principalmente en Frisia, en la costa de los Países Bajos, tiene gran influencia de los caballos españoles y orientales. Fueron los Frisios los que contribuyeron al desarrollo del Poni Dales y Fell, más tarde ellos fueron los que también tuvieron una gran influencia en el Shire. El Frisio fue descrito primeramente por Tácito, el cual lo destacaba por su fealdad, aunque reconocía que servía como animal poderoso y dócil.

**Características:**

De carácter simpático y temperamento fácil, tiene una cabeza larga con cortas orejas, un cuello arqueado de porte orgulloso, hombros fuertes, crin espesa y frondosa, extremidades muy calzadas y casco azul y muy duro. Toda la raza posee el pelo largo en los menudillos, mientras que el cuerpo está bien formado y compacto, posee una cruz redondeada con espaldas poderosas que lo hacen apropiado para el trabajo de enganche.

Su capa siempre es de color negro.

**Peculiaridades:**
Por su característico color negro fue utilizado en las funerarias, aunque por su temperamento también fue requerido por los domadores de circo. Fue empleado como caballo de guerra en las cruzadas tanto por los alemanes como por los Frisios. Si se les proporciona una alimentación adecuada pueden soportar cualquier clase de trabajo, sin que por ello dejen de ser alegres y con un temperamento agradable.

A pesar de disponer de una constitución robusta, no es un animal costoso de mantener.

## FURIOSO

**Historia:**
Su crianza está extendida por toda Europa, surgiendo del cruce de dos caballos ingleses, uno de ellos, importado en 1840, con yeguas Nonius. Por lo tanto, la raza fue desarrolla partiendo del Nonius, del Pura sangre del que tomó su tamaño y velocidad, y del Norfolk Roadster del que tomó su vigor, fuerza y solidez. Natural de Hungría, este elegante y versátil caballo también está muy extendido actualmente por Checoslovaquia.

**Características:**
Con una fuerte constitución, tiene un cuerpo compacto con buena profundidad de cincha. Las patas traseras son fuertes con los corvejones bajos, pero éstos no están preparados para la velocidad. Activo, inteligente y muy tratable, posee una cabeza mediana muy atractiva, así como un cuello largo y fuerte, soportado por hombros poderosos en declive.
Entre los colores de su capa podemos encontrar el negro y el alazán tostado.

**Peculiaridades:**
Aunque generalmente es utilizado como caballo de silla, está suficientemente dotado para participar en las competiciones de cualquier disciplina, incluyendo la carrera con obstáculos. Sus cuartos traseros musculosos le proporcionan movimientos sueltos, directos y ligeramente exagerados. Ahora se ha realizado un cruce con el North Star y el Mozohegyes que proporciona un excelente caballo de deporte en Hungría.

## GELDERLAND

**Historia:**
Fue creado en Holanda en el siglo XIX, cruzando yeguas autóctonas con una variedad de razas. Usaron en primer lugar al Norfolk Roadster del cual heredó su vigor y habilidad en el trote. Después se hicieron diferentes cruces con alemanes, rusos, polacos y hannoberianos. El resultado fue un tipo que podía ser

utilizado tanto para tiro de carruaje, como caballo de silla, como para labores de granja.

Para mejorarlo le unieron con el Oldenburgues, que le aportó tamaño, peso y un temperamento calmado, con el Bayo de Cleveland, y el Anglo-Normando, consiguiendo la calidad y solidez final cuando le añadieron sangre de Puras sangres y Arabes.

## Características:

Sin llegar a ser una cabeza bonita, sí hay que destacar su expresión tranquila e inteligente, sus hombros son fuertes bien preparados para el tiro, de cruz baja, y amplia profundidad de cincha.

Sus extremidades son cortas y fuertes terminando en unos pies bien formados pero sin calzar. El color de su capa es el castaño. De cabeza algo aplanada, cara convexa y expresión inteligente, tiene un porte al andar muy vistoso. El cuerpo es fuerte, compacto, ancho y largo, con cuartos traseros poderosos.

## Peculiaridades:

Es el más atractivo de los dos ejemplares utilizados para el desarrollo del caballo Holandés de sangre caliente. Es un elegante y poderoso caballo de tiro y de silla, aunque se le encuentran ciertas habilidades también en salto. Tiene un estilo típico de los caballos de transporte, aunque puede efectuar movimientos atractivos y espectaculares, así como labores ligeras en la agricultura.

## HANNOVERIANO

### Historia:
Procedente de Hannover, su desarrollo comenzó en el año 1735, partiendo de 14 sementales Holstein que fueron cruzados con yeguas de la localidad. En principio estos fueron utilizados para trabajos de granja, pero después de la II Guerra Mundial se mejoró la raza con los siguientes cruces: Con el Pura sangre, del cual obtuvo bravura y velocidad; con el Holstein, que le aportó tamaño y fuerza; y con el Trakehner, del cual obtuvo fuerza, vigor y una buena constitución.

### Características:
Su gran característica es su parte central por su fuerza conformacional. Sus extremidades son potentes, simétricas y con grandes articulaciones. De carácter indómito, inteligente, valiente y muy versátil, posee movimientos muy directos y ostentosos. Con el cuerpo poderoso y los ijares resistentes, tiene aspecto de un animal fuerte, sólido y con excelente balanceo. Entre los colores de su capa se dan todos los sólidos.

### Peculiaridades:
Fue criado de forma muy cuidada, por lo que se consiguió el mejor caballo de competición alemán, sobre todo en salto, siendo notable también en doma. Tienen un temperamento realmente bueno y una fuerza excepcional. Actualmente es empleado con éxito en el circo, por lo que está muy cotizado económicamente. Le gusta practicar deportes y

juegos, y se siente a gusto formando parte de algún espectáculo, considerándose que incluso agradece el aplauso del público, especialmente cuando muestra su amarilla dentadura en señal de satisfacción.

## HOLSTEIN

### Historia:
Su desarrollo comenzó en el siglo XVII, procedentes de sangre española, oriental y alemana, siendo utilizados sobre todo como pesados caballos de tiro. Fue en el siglo XIX cuando fue cruzado con Pura sangre y Yorkshire, consiguiendo un buen caballo de silla.
Los cruces con los Pura sangre han mejorado enormemente la raza, consiguiendo de estos hacer el mejor explorador a campo traviesa.

### Características:
Tiene un cuello largo y un poco arqueado, los hombros no muy separados y cruz sensiblemente alta, con muslos fuertes y musculosos, y una cola con una buena inserción. Sus patas son algo cortas y huesudas, pero posee unos buenos cuartos traseros. Los criadores ponen especial empeño en conseguir unas extremidades correctas con buena estructura en los pies.
De temperamento dulce, obediente y voluntarioso, se muestra versátil e inteligente.

**Peculiaridades:**

La pesadez que en un principio tenía desapareció cuando se mejoró la raza, resultando un nuevo tipo más inteligente y con gran valentía en el salto. Por sus correctos andares, rítmicos y rectos es utilizado como buen caballo de silla. Ahora es un estupendo caballo de tiro, aunque no es raro verle efectuando trabajos de granja y agrícolas. Sus movimientos pueden parecernos un poco extraños, y en ocasiones aparatosos y muy nerviosos.

## INDIO

**Historia:**

Ya desde la época del Imperio Británico en la India eran utilizados diferentes tipos para la caballería y como animales de carga, estos eran sobre todo de procedencia Arabe. Pero fue en 1800 cuando se importaron los Waler procedentes de Australia, los que sirvieron de base junto a los Puras sangre y los Arabes para que surgiera el actual caballo Indio. Se han encontrado restos prehistóricos de caballos en los montes Siwaliks, y por ello es probable que se criaran allí antes de extenderse por Europa.

**Características:**

La gran movilidad que tiene en sus orejas le confieren una expresión inteligente. Su rostro amable manifiesta un temperamento voluntarioso. Los hombros son correctos para montar y su parte frontal uniformemente buena. El cuerpo bien conformado, con buena profundidad de cincha, completa la fuerza de sus extremidades. Las patas están traseras bien proporcionadas. En el color de su capa se dan todos los sólidos.

**Peculiaridades:**
Es utilizado sobre todo en el mundo militar, para lo que se le cría casi exclusivamente, considerándole el mejor tipo para la caballería. Es de destacar su tranquilo temperamento y su buena adaptación cuando se le utiliza para disciplinas competitivas. También se emplean en los trabajos de montaña y para juegos locales especialmente violentos. Desarrollado en unas condiciones climáticas adversas, con calor y humedad, este caballo tiene que competir también con los bueyes, tanto en cuidados como en comida.

## KABARDIN

**Historia:**
Ha sido desarrollado en el norte del Cáucaso y su evolución comenzó en el siglo XVI, cuando fueron cruzados los caballos de la zona con otras razas. Tienen influencias del Arabe, del cual heredó una gran solidez física; del Turcomano, del que tomó su dureza y la resistencia al calor que posee el caballo del desierto; y del Karabakh del que tomó su velocidad y agilidad.
Los Kabardins son utilizados para mejorar otras razas en la zona, y de uno de estos cruces surgió el Anglo-

Kabardin, resultado del cruce con Pura sangre, siendo más grande y rápido que su antecesor.

**Características:**
Al ser un caballo de montaña posee unos pies firmes y ágiles, con las patas traseras en forma de hoz por encima de los corvejones, y unos hombros elevados, lo que le hace tener una apariencia elevada. La cabeza es inteligente, de cara recta, con las puntas de las orejas ligeramente vueltas al interior. Sus patas y pies son resistentes y tiene buenos cuartos traseros. Entre los colores de su capa se dan el bayo y el negro.

**Peculiaridades:**
Es utilizado principalmente como caballo de silla, pero también es utilizado en algunas ocasiones para tiro. Hay que destacar su gran resistencia cruzando distancias largas, y su capacidad de orientarse en la oscuridad o en zonas con niebla. De movimientos sueltos, se trata de un caballo resistente, de paso extraordinariamente seguro y de gran longevidad. Se usa como animal de carga, no perdiéndose nunca en el camino, y las yeguas para suministrar leche.


**KNABSTRUP**

**Historia:**
De origen primitivo fueron encontrados sus primeros dibujos en las cuevas del hombre de Cromañón. El moteado de su capa se debe a la influencia de una yegua española llamada Flaebehoppen quién en 1808

dio origen al más reciente Knabstrup danés. Ninguno de estos caballos han sido criados fuera de Dinamarca, salvo cuando se exportaron algunos ejemplares en el siglo XIX. Hay una buena definición de él en las Guerras Napoleónicas, cuando una yeguada fue adquirida a un oficial español.

**Características:**
Con una capa moteada y una expresión de bondad e inteligencia propia de este tipo de caballos, posee una mancha blanca que rodea los ojos, el hocico también moteado, y un dorso recto muy peculiar.

Las piernas bien conformadas, también moteadas y unos cascos marcados con líneas verticales, detalle que solo se suele dar en este tipo de caballos. El cuello es fuerte, bien musculado, aunque algo corto y sostiene una cabeza atractiva y perfectamente unida.

**Peculiaridades:**
La raza original más inteligente y resistente, hoy prácticamente no existe, dando paso a un nuevo tipo con una amplia gama de colores y más similar al Appaloosa. Se cree que la raza actual es una degeneración de mejores ejemplares, pero siguen siendo aptos para trabajos tan complejos como los del circo y ejercicios de volteo. La pena es que ahora los diferentes cruces han desvirtuado la raza, y se busca exclusivamente una mejora en el pelaje.

# LIPIZZANO

## Historia:

Debe su origen a los caballos españoles, y su nombre a la caballeriza de Lipica, en la ciudad de Eslovenia. Esta raza se inició en el año 1580, partiendo de nueve sementales y 24 yeguas procedentes de la Península Ibérica. Para su cría se creó la escuela española en el ducado de Graz, una escuela de equitación que sólo usaba caballos españoles y donde se instruían los caballos destinados a la nobleza.

Es una raza grandemente extendida, ya que se cría en Hungría, Checoslovaquia, Rumania, y Eslovenia. También se encuentra, aunque en menor cantidad, por todo el resto de Europa.

## Características:

Su cabeza denota la influencia del caballo Arabe, pero su perfil está marcado por la influencia el caballo español, continuando en un grueso cuello bastante corto que le une a unos hombros bien preparados, tanto para silla como para tiro. La cruz poco pronunciada tiende a ser de acción alta, mientras que las extremidades son cortas y poderosas, con buena osamenta terminan en unos pies muy resistentes.

En el color de su capa siempre encontraremos el gris.

## Peculiaridades:

Debido a la influencia del Pura sangre, son caballos de buena envergadura, y como casi todas las razas húngaras son buenos ejemplares en tiro, aunque también es utilizado como caballo de silla. Es de destacar su longevidad, siendo capaz de realizar complejos movimientos en la escuela cuando ya han cumplido los 20 años. Es voluntarioso, inteligente, dulce y obediente.

## LUSITANO

### Historia:
Con influencias del Berberisco y del Sorraia, está considerado como el caballo más llamativo para silla y tiro. Tiene pocas diferencias con el caballo Andaluz, y fue criado en Portugal para la caballería portuguesa. Su gran popularidad le ha hecho ser el caballo más solicitado para el rejoneo, teniendo en la actualidad, gran aceptación en EE.UU. y el Reino Unido.

### Características:
Su cabeza es elegante, con un perfil en ocasiones recto y en otras convexo, como corresponde al caballo español. Su cuello es corto y casi siempre grueso, con unos hombros potentes, y cruz baja pero bien definida que se pierde con los amplios hombros.
Su cuerpo es compacto, con amplia cavidad torácica y dorso corto. Sus extremidades son largas con una notable longitud de cañas. Las ancas normalmente inclinadas mantienen una cola frondosa y bien insertada.

### Peculiaridades:
Considerado más inteligente, bravo y rápido que el caballo Andaluz, tiene una gran agilidad de

movimiento, y una facilidad de aprendizaje en los movimientos complicados, que le hacen estar considerado como caballo de máxima calidad. De respuesta rápida e inteligencia viva, es un caballo obediente y muy valiente, cualidades que ha demostrado plenamente cuando era empleado exclusivamente para fines militares.

## MAREMMANO

### Historia:
No se le puede definir como un tipo fijo, ya que las diferentes influencias han ido creando distintos híbridos. Es el caballo más utilizado en Toscana, tanto para trabajos de agricultura, como para trabajar con las vacas, aunque también es el caballo preferido por los vaqueros napolitanos.

Partiendo del caballo napolitano, tiene influencias del Español y del Berberisco, aunque más tarde, en el siglo XIX, también recibió sangre inglesa con el Norfolk Roadster.

### Características:
Con un tamaño heredado de su antecesor el caballo español, posee una conformación que le hace apto para ser utilizado en diversos trabajos. Tienen unas extremidades con buena osamenta, así como corvejones y rodillas bien definidas. Hay quien le menciona como un animal sufrido, resignado, pero inteligente y activo cuando se le exige. En los colores de su capa se dan todos los sólidos.

**Peculiaridades:**
A pesar de no haber tenido una crianza muy cuidada destacan en él ciertas cualidades como la de ser muy sólido y económico de mantener. También se le considera un caballo servicial, diligente y muy resistente. Hasta hace pocos años era el caballo preferido de la Policía Montada de Italia, aunque ahora se le puede ver realizando trabajos de agricultura y ganadería con el mismo entusiasmo.

## MORGAN

**Historia:**
Debe su nombre a un maestro de escuela, de Vermont, llamado Justin Morgan el cual lo compró en 1795. En un principio se le utilizó para duros trabajos con el arado, para la limpieza de bosques y arrastrando troncos.

Se cree que todos los Morgan descienden de él por haber sido un semental muy prolífico, aunque su raza nunca fue totalmente establecida. Se barajan diferentes teorías sobre las influencias que pudo tener, y algunas afirman que desciende de un Pura Sangre, mientras otras se inclinan por la influencia del Frisio y los galeses que descienden del Cob Galés.

**Características:**
Tienen unos hombros fuertes e inclinados, con una cruz bien definida, los cuartos traseros bien formados,

las ancas simétricas y hermosamente redondeadas, los muslos prominentes, y de corvejones bajos.

Las extremidades poseen articulaciones bien definidas, con cañas cortas y fuertes, y las cuartillas bien inclinadas. Las patas traseras correctamente conformadas, mientras que los pies son redondos con casco denso y suave.

Entre los colores de su capa se dan todos los sólidos excepto el gris.

**Peculiaridades:**
El Morgan es un caballo inteligente y de fácil manejo, usado para competir en silla y en tiro. También es utilizado en espectáculos, para lo que se le ponen una herraduras que le proporcionan una acción elevada. El actual Morgan es un caballo mucho más refinado que sus antecesores pero sigue siendo independiente, bondadoso, paciente e incansable. De movimientos sueltos y potentes, es un caballo vivaz y con una gran resistencia física.

## MUSTANG

**Historia:**
Su origen parte de los primeros caballos españoles llevados a EE.UU. en el siglo XVI. Aunque se establecieron ranchos de cría, algunos quedaron en libertad creando manadas salvajes.

En la actualidad es una raza protegida por ley, ya que el hábito que se creó hacia el año 1970 de utilizar su carne para la alimentación del ser humano, puso a estos caballos en peligro de extinción.

## Características:
La cabeza denota claramente su influencia española, el cuerpo es ancho pero sin una cruz prominente, las extremidades resistentes y firmes, y sus fuertes pies no necesitan herraje. La crin y la cola muy exuberantes, así como el color de su capa son característicos del caballo español. Bravo, independiente y en ocasiones intratable, pesan sobre su carácter los 300 años en los cuales esta raza estuvo en total libertad, logrando ser unos animales agresivos, vivaces y desprovistos de cualquier elegancia.

## Peculiaridades:
Criados de forma salvaje, son animales robustos, ágiles y rápidos. Aunque su falta de seguimiento en la crianza hace que se vayan convirtiendo en caballos de poca calidad, hay que destacar que mantienen la fuerza de sus antepasados. Pueden presentar cualquier color y talla y anteriormente fueron los predilectos de los indios y vaqueros, siendo en la actualidad una especie protegida pues los granjeros prefieren animales más dóciles.

## PALOMINO

### Historia:
Su nombre es utilizado para definir un concreto color de capa, el dorado, aunque más bien define su color y no una raza en sí. Desciende de los caballos españoles de este color llevados a América, y su nombre se cree que también se debe a un español, don Juan de Palomino. Ahora existe en América una sociedad que se ocupa de mantener y mejorar esta raza.

### Características:
Para definir su color se emplea el símil de decir que es igual a una moneda de oro recién acuñada. La crin y la cola son de un blanco plateado y no deben tener más de 15% de pelo oscuro. Para considerarle un buen ejemplar, las marcas blancas que a veces aparecen en sus extremidades no deben sobrepasar las rodillas o los corvejones. Es uno de los animales preferidos para la silla y existe una gran demanda para ser empleado por los niños.

### Peculiaridades:
Aunque no le considera una raza establecida, para ser anotado en el libro de registro a los descendientes se les exige que uno de los padres ya esté registrado y el otro sea Quarter, Arabe o Pura sangre. A pesar del cuidado en su crianza no ha sido posible producir un color determinado y por eso no es posible inscribirle como raza, aunque probablemente con el paso de los años desemboque en una nueva raza para asegurar la supervivencia.

## PASO

### Historia:

Su crianza ha estado dirigida a mejorar la andadura natural, de ahí su nombre. Su actual conformación se ha conseguido gracias a una esperada selección realizada durante más de tres siglos. Lo podemos encontrar también bajo el nombre de **Paso fino,** un caballo que presenta tres andaduras naturales, lo que constituye una característica heredada directamente de los caballos españoles que llegaron allí en el siglo XVI.

### Características:

Con una cabeza tipo Arabe, posee un cuerpo con gran profundidad, el cual da cabida a unos pulmones de gran tamaño, con pecho amplio y profundo y una musculatura bien desarrollada. El lomo es corto y sus cuartos traseros fuertes. Las orejas son cortas y puntiagudas, los ojos expresivos, mientras que las patas son resistentes, lo mismo que los pies.

### Peculiaridades:

Con un carácter alegre, tratable y voluntarioso, utilizado como caballo de silla es una raza muy resistente, con una característica única, su paso lateral. Las largas cuartillas de sus patas traseras hacen que este paso sea muy confortable. Se cree que esta característica ha sido heredada de los primeros caballos españoles, aunque ahora se ha refinado bastante.

## PINTO O CABALLO PINTADO

### Historia:
Debe su nombre al color tan peculiar de su capa, y por pertenecer a cualquiera de las dos sociedades creadas en América para este tipo de caballos, una para el caballo Pinto y otra para el Pintado Americano. El requisito indispensable es que posea tan característico color. Desciende del caballo español Pintado, conocido también con el nombre de moteado o calico. El caballo Pinto que queda registrado en la asociación americana se divide en tres tipos: cazador, de placer y de silla.

### Características:
La cabeza de calidad y con aspecto inteligente, denota la influencia del Pura sangre, y toda su parte delantera está preparada para ser un buen caballo de silla, con el cuerpo poderoso y los cuartos traseros fuertes. En su crianza se persigue que las extremidades del caballo Pinto sean fuertes y buenas.

### Peculiaridades:
Dada la falta de reglas establecidas para ser un caballo Pinto es difícil determinar qué caballo puede pertenecer a esta raza. Para ello se basan sobre todo en el color de su capa, el cual, dependiendo que sea un color sólido con manchas blancas, o por el contrario

sea la base blanca con manchas de color sólido, se le denomina ovaro o tobiano. Asociado siempre con los indios americanos, la distribución de sus manchas es hereditaria.

## PURA SANGRE

### Historia:
Está considerado como el caballo más valioso del mundo. Tiene influencias del Arabe, del Español y del Galloway. Evolucionó en los siglos XVII y XVIII, en Inglaterra, cuando los caballos de la zona fueron cruzados con sementales orientales, partiendo de ellos las primeras líneas de los Puras sangres. Se cree que los caballos de carreras tienen una antigüedad de 5000 años y se encuentran referencias procedentes de los hititas en las cuales se daban instrucciones para convertirles en buenos caballos para competir. Los tres sementales de los cuales derivan todos los Pura sangre ingleses llegaron a Inglaterra a principios del siglo XIX.

### Características:
Con unas proporciones casi perfectas, posee unos hombros largos e inclinados que le hacen tener una buena acción de galope, aunque una mayor profundidad de cincha le daría la máxima expansión a sus pulmones. Tiene las extremidades delgadas con articulaciones grandes y planas, unos potentes cuartos traseros y unas patas traseras tan largas que le permiten alcanzar gran velocidad.

**Peculiaridades:**
Utilizado para la producción de caballos de competición, y para mejorar otras razas, existe una gran industria para la cría de éstos. Inquieto, valiente y activo, puede tener la capa de color negro, tostado, tordo, castaño y alazán. Su parte más débil son sus pies, aunque tiene unas buenas patas, cuartillas flexibles y huesos cortos.

Aunque en ocasiones puede tener un temperamento difícil, es un caballo con una gran habilidad atlética, y con una gran fuerza mental y física, estando reconocido como uno de los caballos más bravos.

## QUARTER

**Historia:**
Criado a partir de los caballos ingleses que llegaron a Virginia en 1611, junto a los españoles que ya existían en la zona, es la raza totalmente americana más antigua, contando con más de 3 millones de ejemplares registrados en la asociación creada para él.

Aunque era utilizado para trabajos de agricultura, ganadería y transporte, debe su nombre a la distancia que le hacían recorrer los primeros colonizadores ingleses, la cual consistía en sobrepasar un cuarto de milla.

**Características:**
Su cabeza corta y ancha, posee un hocico pequeño y poco profundo, con una boca firme. Tanto la cruz

como sus hombros fuertes, que se extienden hacia el dorso, le hacer tener una óptima fijación de la silla. De caderas anchas y unas extremidades muy musculosas sobre todo a la altura de los muslos, es ancho de tórax, lomo corto y bien musculado, así como de ijares fuertes.
Entre los colores de su capa se dan todos los sólidos.

## Peculiaridades:
Aunque en la actualidad es más utilizado para silla, cuando era empleado en otros trabajos manejaba el ganado con gran destreza haciéndolo por instinto. Considerado como el caballo más popular del mundo, posee unos macizos cuartos traseros, los cuales le confieren una gran habilidad para esprintar a la máxima velocidad. Debe parte de su popularidad a su trabajo en el circo, lo que le ha obligado a degenerar y a exagerar sus cualidades. Tiene tendencia a padecer cojera crónica.

## SALERNO

### Historia:
Originario de la región de Campania, en Italia, evolucionó en la caballeriza de Persano, a mediados del siglo XVIII, y en un principio recibió este mismo nombre. Es descendiente del Napolitano, caballo criado entre Nápoles y Sorrento con caballos de sangre española y árabes. Más tarde estos fueron cruzados con caballos de los valles de Salerno y Ofanto, y luego con españoles y árabes, pero en época

de la república italiana la caballeriza fue cerrada. En 1900 se reanudó de nuevo la cría y fue entonces cuando se le cambió el nombre por el de Salerno. En la actualidad existe un número muy pequeño de estos caballos.

## Características:
Tienen una cabeza que denota su inteligencia y una expresión enérgica, marcada por la influencia del Pura sangre. Los hombros son inclinados, con unos cuartos traseros fuertes, lo que le hace ser un caballo de calidad para silla. Tienen una conformación proporcionada y de gran calidad debido a la influencia del Pura sangre. Las extremidades con la osamenta adecuada terminan en unos pies uniformes y buenos.

## Peculiaridades:
Está considerado como uno de los caballos italianos de sangre caliente más atractivo, posteriormente mejorado con la influencia del Pura sangre, creando un tipo aún mejor que sus antecesores. Su buena conformación le hacen ser muy apto para el salto. Se le menciona como inteligente, de rápida respuesta y muy amable, además de tener un porte aristocrático y de gran calidad.


## TRAKEHNER

## Historia:
Sus primeros orígenes datan del siglo XIII, siendo desarrollado en las caballerizas de los teutones,

usando como base Ponis Schweiken, descendientes del Tarpán. En los primeros 50 años su cría estuvo limitada para el uso de la caballería, pero la influencia del Arabe, que le aportó buen temperamento y del Pura sangre, que mejoró su tamaño, velocidad y envergadura, creó otra línea de Trakehner más importante.

Durante la II Guerra Mundial un grupo de 1.200 Trakehners fueron trasladados para evitar que cayeran en manos rusas, y gracias a este grupo los criadores alemanes han logrado mantener la raza.

## Características:

Su cabeza de gran calidad y muy expresiva, denota la influencia del Pura sangre, siendo destacables sus hombros fuertes e inclinados y un cuello largo y elegante. El perfil de su fuerte cuerpo denota velocidad y habilidad atlética, mientras que los pies son duros y las cuartillas están inclinadas de forma más correcta que en otros de sangre caliente. Las extremidades y articulaciones son fuertes y buenas.

En los colores de su capa se dan todos los sólidos.

## Peculiaridades:

Con apariencia de cazador de categoría, es valiente a campo traviesa. Está considerado por muchos como el caballo más refinado de sangre caliente dentro de los europeos, con gran habilidad para la competición, destacando sobre todo en doma y en salto. Este Prusiano oriental es un animal encantador por naturaleza, leal, muy activo e inteligente, y se le considera como la mejor de las razas alemanas actuales.

## TROTÓN FRANCÉS

### Historia:
Famoso por su forma de destacar en las carreras de trotones, tiene su origen en el caballo Normando utilizado como base para el desarrollo de esta raza. Tiene influencias del Norfolk Roadster, el cual le dio vigor, una constitución robusta y habilidad para el trote; del Normando, del cual heredó su tamaño y temperamento tranquilo; y del Pura sangre, pues de éste mejoró su velocidad, inteligencia y acción.

### Características:
Con unos hombros bien preparados para el tiro, posee unos cuartos traseros muy potentes y unas extremidades y pies extremadamente fuertes y resistentes. Se trata de un caballo alto, bien conformado y ligero, con amplia cavidad torácica, cruz prominente y cuartos traseros musculosos y en declive. Vivaz, voluntarioso y competitivo, posee unas patas largas, huesos de caña corta y corvejones bajos.

### Peculiaridades:
Es una raza resistente, que tiene la característica de correr con paso en diagonal, y realizar las mejores marcas en las carreras de trotones. Estas carreras se iniciaron en el siglo XIX en Francia y en el año 1989,

siendo la mejor marca la situada en 1' 22'' en 1 Km. En Francia se suelen realizar hasta 6000 carreras anuales con estos caballos, siendo la más importante el "Prix d 'Amerique".

## WÜRTTEMBURG

### Historia:
Debe su nombre al fundador de las caballerizas estatales de Marbach, Alemania, creadas en 1573 por Christoph von Württemburg.
La primera influencia la obtuvo del Arabe que fue cruzado con yeguas de la localidad, aunque más tarde se introdujeron yeguas berberiscas y españolas y también con sementales Frisios. Así fue creado el Württeeemburg, pero la mejora de la raza le llegó con la influencia de los Trakehners.

### Características:
Con una mirada agradable y una cabeza inteligente, tiene el cuello bien proporcionado, pero algo corto. Su perfil está más indicado para animal de silla, con un cuerpo bien proporcionado, extremidades sólidas y buenas con huesos fuertes y adecuados y unos pies fuertes con cuartillas gruesas y correctamente inclinadas. Entre los colores de su capa se dan el bayo, castaño y alazán.

### Peculiaridades:
Es un caballo muy longevo, utilizado mayoritariamente para silla, y a pesar de su robustez y

tamaño es económico de alimentar. Muy competitivo y vivaz, este caballo alto y ligero forma parte ya de un registro desde principios del siglo XX, por lo que desde entonces esta raza se ha conservado pura. Se trata de un ejemplar que puede soportar pesos de hasta 73 kilos durante largos recorridos y por ello se le emplea en las carreras.

## CABALLOS PESADOS
## (Sangre fría)

## ARDENES

### Historia:
Procedente de la región de Ardenas, está considerado el caballo más viejo del mundo. Se desarrollaron durante el siglo XIX, y según la influencia de los cruces realizados, se crearon dos tipos; uno más ligero empleado para tiro, con influencias del Pura sangre, del Arabe, del Percherón, y del Boulonés. Otro más pesado y lento pero de gran fortaleza utilizado como caballo de trabajo, con influencias Brabantés. En la actualidad existen pocos ejemplares del tipo más ligero.

### Características:
Estos caballos de nariz respingona, tienen la cabeza con un perfil recto, frente baja y las órbitas oculares muy prominentes. El cuerpo es compacto con un dorso muy corto y lomos muy anchos. Llaman la atención sus impresionantes extremidades calzadas

con un pelaje grueso y basto. El color de su capa es el ruano.

**Peculiaridades:**
Es una raza de gran resistencia, dócil y muy manejable, hoy en día es utilizado como caballo de tiro para labores de agricultura, pero su carne también es empleada para uso alimenticio del ser humano. Mencionado por Julio Cesar en La Guerra de las Galias, no tenemos referencias sobre su verdadero pasado, aunque fue empleado intensamente en la Edad Media y por Napoleón para arrastrar piezas de artillería. Actualmente está en plena decadencia.

## BRETON

**Historia:**
Tiene su origen en el noroeste de Francia, y aunque en un principio hubo hasta cuatro tipos distintos, en la actualidad, y dependiendo de sus influencias existen dos tipos: uno, el sólido Bretón de tiro desarrollado a partir de los cruces realizados con el Boulonés, Ardanés y Percherón. El otro más ligero denominado Bretón Postier, desarrollado a partir de los cruces realizados con el Boulonés, Percherón y se cree que con algún Norfolk Roadster.

**Características:**
Con unas orejas pequeñas y móviles sobre una cabeza cuadrada con un perfil recto, tiene un corto cuello, grueso y arqueado. Posee unas amplias ancas con

buena musculatura muy pronunciada, lo que le permite tener un movimiento hacia delante recto y libre. Las patas que son cortas, fuertes y poco calzadas, terminan en unos pies bien formados y no demasiado grandes. Entre los colores de su capa se dan el castaño y el ruano.

**Peculiaridades:**
Los dos tipos son utilizados como caballo de tiro, uno ligero y otro pesado, en agricultura. Pero, además, cada uno de ellos es utilizado para funciones diferentes. El tipo ligero se emplea para mejorar otros rebaños menos capacitados, mientras que el tipo pesado se emplea para consumo de su carne. Es de temperamento dulce, activo, vivaz y voluntarioso. En estos caballos la cola es sistemáticamente cortada.

## CABALLO DE TIRO PESADO ITALIANO

**Historia:**
Fue criado en el norte y centro de Italia, considerándose el caballo agrícola italiano más popular del mundo. Las primeras importaciones realizadas desde Italia eran caballos brabanteses procedentes de Bélgica, que fueron cruzados con yeguas de la zona y los descendientes se cruzaron con Bouloneses y Percherones. Más tarde se le cruzó con el Bretón Postier, del cual heredó su velocidad en el trote.

Tiene cierto parecido con el Avelignese, por lo que se supone podría haber tenido alguna influencia de los primeros grupos.

**Características:**
Su cabeza afilada hacia el hocico es refinada y con una expresión de inteligencia y alerta. Los hombros bien desarrollados y planos, y la cruz bien preparada para tiro. El pecho es profundo y sus patas delanteras bien separadas. Su cuerpo es simétrico y compacto, con una buena profundidad de cincha, pero sus pies normalmente pequeños y encofrados, denotan la debilidad que en ellos poseían sus antecesores. La capa es alazán o ruano, con la cola dorada.

**Peculiaridades:**
Su pequeño tamaño y su rapidez de movimientos le hace apto para trabajos de tiro ligero y de granja. Es un caballo amable, enérgico y voluntarioso. Hoy en día no abundan muchos ejemplares de esta raza, y su uso esta enfocado al trabajo y para consumo de carne. Llaman la atención sus cuartos traseros, redondeados y poderosos que le proporcionan movimientos enérgicos que le hacen apto para el espectáculo.


## CABALLO DEL NORTE DE SUECIA

**Historia:**
Procedente del norte de Suecia, está muy influenciado por el Dole Gudbrandddsdal, del cual heredó su constitución y temperamento tranquilo. Este tipo fue

destinado para labores de agricultura y silvicultura, en las que destaca su comportamiento. Procede de otro nativo, menor, y fue indiscriminadamente cruzado con cualquier semental, por lo que no consiguió ser definido hasta principios del siglo XX.

**Características:**
La cabeza comparada con el resto del cuerpo es relativamente grande, y con orejas largas. El cuello es corto y con crestas, y los hombros de gran fuerza están bien inclinados. Con amplia profundidad de cincha, posee una grupa notablemente inclinada. Los cuartos traseros bien redondeados y las extremidades cortas y fuertes, con buena osamenta terminan en unos pies muy sólidos característicos de esta raza.

**Peculiaridades:**
Es un animal noble de buen temperamento con gran fuerza y bravura. Hay que destacar en él su longevidad y su resistencia a coger enfermedades. A estos caballos se le realizan pruebas de rendimiento medidas con un ergómetro, mientras arrastran pesados troncos. Es un animal muy tratable y que por su amabilidad se desenvuelve bien en cualquier tipo de trabajo, siendo apreciado por los granjeros y también para labores militares.

## COB NORMANDO

**Historia:**
A pesar de su popularidad es menos conocido que los Trotones franceses, Percherones, Puras sangres, Boulloneses y anglo-Arabes, todos ellos criados en las antiquísimas caballerizas de Le Pin y Saintre Lô en Normandía. Para diferenciar los caballos de caballería de los de tiro ligero se creó el hábito, que ya existía en otros países, de cortar la cola a estos últimos, y fueron denominados Cob. La justificación era que sus colas podrían engancharse peligrosamente debajo del maslo.

**Características:**
Se caracterizan primordialmente por su cuello en cresta y su cabeza inteligente y fuerte. Posee buenos hombros, lo que le permite una gran libertad en el trote, siendo su dorso corto, el cuerpo compacto y delgado. Sus ancas aunque no muy sólidas, son musculosas y fuertes, con unas extremidades cortas con buena longitud de caña y un calzado tan escaso, que en muchos casos ni existe. Entre los colores de su capa se dan el bayo y el castaño.

**Peculiaridades:**
Son caballos pesados utilizados para la agricultura, aunque también son enérgicos en el trote. Aunque algo más pesado que sus antepasados normandos, no es verdaderamente un animal para el tiro pesado, pero todavía posee los enérgicos aires y su habilidad

trotona. Los colores habituales son el alazán, castaños y ruanos.

## JUTLANDES

### Historia:
Su existencia se remonta a una época anterior a la Edad Media, y como muchos de los caballos pesados desciende del caballo forestal de sangre fría, ya existente en la prehistoria. Criado en la península de Jutlandia, a la que debe su nombre, durante el siglo XII fue desarrollado como un pesado y fuerte caballo de guerra, capa de sobrevivir con poco alimento, pero fue en el siglo XIX cuando comenzó su desarrollo cruzando el Bayo de Cleveland con el Yorsshire de tiro. La influencia mayor la tomó del Suffolk Punch, del cual heredó su color y su cuerpo redondo.

### Características:
Aunque posee una cabeza pesada y sencilla con un hocico cuadrado, el conjunto resulta atractivo, con el cuello corto y grueso, los hombros muy musculosos y el pecho bastante amplio. De cruz amplia y plana posee unas patas delanteras cortas y muy separadas, mientras que las articulaciones tienden a ser redondas y carnosas, terminando en unas patas con mucho pelaje basto y muy grueso. Entre los colores de su capa se dan el castaño y el ruano.

**Peculiaridades:**
Con fama de ser un caballo dócil, amable y trabajador incansable, es utilizado como caballo de tiro sobre todo en la agricultura. Tiene cierta similitud con el Suffolk Punch en cuanto a color, siempre castaño con cola y crin muy rubias, pero existe una diferencia notable entre ellos ya que el Jutlandés posee unas patas espesamente calzadas, mientas que en el primero las patas están calzadas pero sin pelo.

## NORIKER

**Historia:**
Aunque fue registrado como raza de tipo fijo en el año 1565, es una de las razas de sangre fría más antiguas de Europa. Criado en el estado de Noricum, (la actual Austria) del que deriva su nombre, sus antepasados fueron desarrollados por los romanos como pesado caballo de guerra. Las primeras influencias las tuvo del Burgundian, el cual le proporcionó aumento de tamaño, pero la mejora de calidad le llegó con la influencia del caballo español.

**Características:**
La cabeza bien definida posee unos amplios y marcados ollares, las orejas altas y en alerta. El cuerpo es amplio y compacto con una buena profundidad de cincha, requisito necesario del estándar de raza. Las extremidades fuertes y rectas con larga y amplia osamenta. Entre los colores de su capa se dan el alazán tostado, negro y castaño.

**Peculiaridades:**
Es una raza resistente, sólida, económica y de fácil manejo. Con un tamaño medio, es poderoso, ligero y duro en el trabajo. En la actualidad es utilizado como caballo de tiro para todo tipo de trabajo en la región de los Alpes. Los estándares de su raza son rigurosamente inspeccionados con pruebas de rendimiento.

## PERCHERÓN

**Historia:**
Su contribución a la historia comenzó cuando contribuyeron a frenar la invasión musulmana de Europa en el año 732 d. C. Después se mejoró la raza mezclándola con sangre árabe y por eso ahora se considera que los ejemplares mejores son producto de un cruce árabe. Se cuenta que incluso llegó a existir un caballo que medía más de dos metros y pesaba casi 1.400 kilos. Fue exportado por primera vez a Norteamérica en 1839 y en Gran Bretaña los criadores le han eliminado las patas calzadas.

**Características:**
De cuerpo amplio, pecho y cincha profunda, compacto y con extremidades cortas y macizas, posee también pies con cascos azules de tamaño medio. Con la cruz prominente y los hombros inclinados, es una raza muy pesada, resistente, versátil y de buen temperamento. La capa es tordo y negro y posee

movimientos excelentes, de gran peso y presencia, conservando su gracia oriental.

**Peculiaridades:**
Se trata de un caballo grande, elegante y con gran autoridad, empleado intensamente en labores agrícolas en cualquier tipo de clima. Su gran peso, no obstante, hace que suela tener problemas de piel en sus cascos. Siempre sorprende su elegancia, dado que es un animal muy pesado, y para muchos es comparable a la de los caballos árabes. Está distribuido por todo el mundo y goza siempre de gran popularidad, por lo que se intenta mantener su pureza y calidad.

**SHIRE**

**Historia:**
Es descendiente del Gran caballo Inglés de la Edad Media, y fue durante los siglos XVI y XVII cuando el grupo autóctono estuvo influenciado por caballos de Flandes, los cuales habían sido importados por holandeses que trabajaban en las marismas inglesas. De éstos heredó la gran fuerza, el tamaño y el peso; también tiene influencias del Frisio del cual heredó su libertad de acción y el mejor comportamiento en tiro.

**Características:**
Sus expresión es amable, con gran separación entre los ojos y nariz convexa, con los hombros amplios y profundos bien preparados para soportar el arnés. La estructura es fuerte, con un cuerpo amplio y corto, y

de gruesa musculatura. Son varias las características que hay que destacar en esta raza, como su peso, que cuando es adulto puede llegar a pesar de 1.000 a 1.200 Kg. La longitud de su caña, que puede medir entre 28 y 30 cm, y por último el extremo de sus patas densamente calzado con un pelaje fino y sedoso.

Entre los colores de su capa podemos encontrar el negro, bayo y gris.

### Peculiaridades:

Es un caballo fuerte, quizá la raza más pesada utilizada en tiro. Aunque es un caballo de gran tamaño y fuerza, es tranquilo y fácil de manejar. Posee una gran fuerza y vigor, además de una estupenda constitución, especialmente gracias a sus excelentes patas, muy largas para un caballo tan pesado. Muy popular actualmente como caballo de tiro de carruajes ligeros, le podemos ver también en los circos llevando en sus lomos a muchas personas juntas.

## SUFFOLK PUNCH

### Historia:

Originario de Anglia, es la más antigua y pura de las razas de Gran Bretaña. Fue desarrollado en el siglo XVI, con influencias del Norfolk Roadster, los cuales ya existían en Anglia, del que heredó su fuerza, tamaño, peso y su color castaño, y de yeguas Flandes, de las cuales heredó su habilidad para el trote y su dureza. Se cree que tiene algún toque de Pura sangre y de un pequeño trotador alemán conocido como Blankes Farmer.

**Características:**
Su color es inconfundible, siempre castaño, y con sus patas cortas y el cuerpo cilíndrico, le hacen ser definido como un tipo bajito y rechoncho. La cabeza algo grande, posee unas orejas cortas y en alerta, una frente amplia y un perfil recto, o en ocasiones algo convexo. El cuello es profundo y bien ajustado a unos hombros bajos y desarrollados. El cuerpo profundo y redondeado en el extremo, con unos cuartos traseros macizos y también redondeados, lo que le hace tener ese aspecto regordete, característico de la raza.

**Peculiaridades:**
Utilizado como caballo de granja y de tiro, es poderoso, longevo y madura muy pronto. Es económico de mantener si lo comparamos con otros caballos de igual tamaño. Las patas cortas y poderosas están poco calzadas, y los pies son pequeños, para lo que se requiere en un caballo de tiro, pero duros y sólidos. Es honesto, amable, muy activo y bastante inteligente.

# TIPOS

## CAZADOR

### Historia:
No se le puede definir como raza, ya que le faltan las características comunes fijadas. Los cazadores de Irlanda y Gran Bretaña son los mejores, criados a partir del cruce realizado con un Irlandés de tiro y un Pura sangre. Dependiendo del país en el que se desarrolla y las condiciones de suelo que en él se dan, se cuidan más unas características que otras. Por este motivo algunos llevan sangre de Poni, otros son cruzados con el Bayo de Cleveland y otros son influenciados por caballos pesados. En cualquiera de los casos, sea cual sea, la mezcla ha de llevar la influencia del Pura sangre para conseguir la velocidad bravura y valentía atlética que necesita.

### Características:
Para ser un buen cazador, ha de tener la cabeza de calidad y su expresión honesta. Una longitud correcta más allá de la línea dorsal del cuerpo, que ha de ser compacta con cavidad torácica amplia y gran profundidad de cincha. Las extremidades bien acondicionadas para la velocidad y con fuerza, y unos pies considerados como ejemplares.

### Peculiaridades:
Utilizado como caballo de silla, se le exige ser estable, con buenos atributos para soportar cualquier tipo de montura, y suficientemente rápido y valiente que le

haga ser capaz de sortear cualquier obstáculo. Los caballos cazadores deben adaptarse perfectamente al terreno en el cual van a trabajar, debiendo ser capaces de competir con el Pura sangre en la pradera y mostrarse inteligentes y de buenas maneras. En cuanto a su resistencia, tienen que poder trotar y galopar durante más de cinco horas sin fatigarse.

## JACA

### Historia:
Considerado como uno de los caballos más atractivos y fáciles de reconocer, le faltan los patrones establecidos para su producción, por lo que no puede ser tratado como raza.

Algunas crías de Jaca surgieron en Irlanda, donde se cree que fue a partir de caballos de tiro irlandeses, aunque otros cruces se realizaron con Col Galés, y otros son el resultado de cruzar razas pesadas con Puras sangres. En muchos casos se piensa que la cría de Jaca fue más accidental que programada.

### Características:
La tradición de cortarle la crin le proporciona un aspecto alegre y deportivo. Tienen el cuello corto y arqueado, unido a unos hombros poderosos y algo inclinados. Con una gran profundidad de cincha y unas extremidades cortas y musculosas, por lo que parecen más cortas aún, tiene las extremidades con buena osamenta y las articulaciones grandes y planas.

En conjunto su constitución es gruesa, con unas ancas muy poderosas.

**Peculiaridades:**
Es utilizado para múltiples usos, ya que tiene un buen comportamiento tanto en silla como en tiro. También se utiliza con la crin cortada, en algunos espectáculos ingleses, haciéndole demostrar su buena destreza en paso, trote, medio galope y galope. Aunque es inevitable que tenga un gran carácter, se le exige que tenga buenos modales, y siempre se espera de él que sea "Un gran señor".

## PONI DE POLO

**Historia:**
A pesar de llevar el nombre de Poni, no es ni una raza ni un Poni, sino un tipo desarrollado de forma especifica para el juego de polo.
Ya en el año 525 a. C. se jugaba al polo en Persia, aunque más tarde fueron los ingleses quienes lo introdujeron en Europa y América. Los primeros Ponis surgieron de cruzar yeguas de Poni con Puras sangre de pequeño tamaño, ya que para la práctica del polo al Poni se le exigía una estatura determinada. Pero fueron los argentinos expertos en este juego los que proporcionaron los medios necesarios para criar Ponis de alta calidad. Esto lo lograron con los cruces realizados con los resistentes Criollos. En la actualidad se ha mejorado su velocidad introduciendo el Quarter americano.

**Características:**

La cabeza es delgada, fuerte, bien definida y sin grosores, con la crin siempre cortada, para que no moleste en el juego, el cuello enjuto y de cruz muy prominente. Las extremidades han de ser totalmente rectas, con cañas cortas y de buena osamenta, y los pies han de ser perfectos para soportar la rigurosidad del juego. Su carácter será intrépido, inteligente y manejable, aunque para entrenarlos se requiere mucha paciencia y tiempo.

**Peculiaridades:**

Su aspecto es similar al de un Pura sangre. Para ser considerado un buen Poni de polo se le exige velocidad, bravura, equilibrio y mucha agilidad. Aunque los primeros Ponis no podían sobrepasar cierta estatura, éstos fueron abolidos durante la primera guerra mundial, y en la actualidad las nuevas generaciones tienen una altura media de 1,51m. Este deporte, adaptado perfectamente a la vida militar, está plenamente desarrollado en Argentina, país que cuenta con los mejores caballos y jugadores del mundo.

## ROCÍN

**Historia:**

Este caballo utilizado para el espectáculo por su elegancia y su gran presencia, está criado en Gran

Bretaña. En la mayoría de los casos es un Pura sangre, aunque puede tener parte de sangre Anglo-Arabe.

En la antigüedad existían dos tipos de Rocín bien diferenciados: uno, denominado silvestre, era utilizado para la caza; el otro más refinado, denominado "de parque" utilizado para paseo. Los actuales Rocines, dedicados al espectáculo, son más similares a este último, mientras que los destinados a silla tienen mayor semejanza con el denominado "silvestre"

**Características:**

Se le exige unos hombros clásicos, como corresponde a un caballo de silla de calidad, las patas traseras claramente rectas, con larga musculatura y muslo prominente. Las patas han de ser delgadas, hermosas, y amplias. Entre los colores de su capa se dan todos los sólidos. Su altura ideal no debe ser superior a 152 cm y debe tener una buena cabeza, cuello robusto y crestado, así como una expresión inteligente y tranquila.

**Peculiaridades:**

Es un caballo equilibrado en sus andaduras y con perfectos modales. Ha de tener una buena conformación, y aunque ligero no se le permite ser vulgar. También se le exige una longitud de caña de unos 20 cm. Sus movimientos tienen que ser largos y suaves, cómodos especialmente, y con un carácter tranquilo y seguro que le permita rivalizar con cualquier caballo, tanto en la monta como en la vigilancia de otros caballos más jóvenes.

www.ingramcontent.com/pod-product-compliance
Lightning Source LLC
Chambersburg PA
CBHW070857290526
45795CB00001B/154